LEITES & Manteigas
VEGETAIS

LEITES & Manteigas VEGETAIS

RECEITAS CASEIRAS

MELISSA KING

Tradução de Carla Melibeu

Copyright © 2014 Melissa King
Copyright das fotos © 2014 Melissa King
Copyright da tradução © 2016 Alaúde Editorial Ltda.

Título original: *DIY Nut Milks, Nut Butters and More – From Almonds to Walnuts*

Todos os direitos reservados. Nenhuma parte desta edição pode ser utilizada ou reproduzida – em qualquer meio ou forma, seja mecânico ou eletrônico –, nem apropriada ou estocada em sistema de banco de dados sem a expressa autorização da editora.

O texto deste livro foi fixado conforme o acordo ortográfico vigente no Brasil desde 1º de janeiro de 2009.

Edição original: The Experiment, LLC
Capa: Susi Oberhelman
Fotos de capa: Melissa King
Projeto gráfico: Pauline Neuwirth, Neuwirth & Associates, Inc.
Produção editorial: Editora Alaúde
Edição: Bia Nunes de Sousa
Revisão: Claudia Vilas Gomes, Julio de Mattos
Adaptação de capa e projeto gráfico: Rodrigo Frazão

Impressão e acabamento: EGB – Editora e Gráfica Bernardi
1ª edição, 2016 (1 reimpressão)

Dados Internacionais de Catalogação na Publicação (CIP)
(Câmara Brasileira do Livro, SP, Brasil)

King, Melissa
    Leites e manteigas vegetais: receitas caseiras / Melissa King; tradução de Carla Melibeu. -- São Paulo: Alaúde Editorial, 2016.
        Título original: DIY nut milks, nut butters & more : from almonds to walnuts

    ISBN 978-85-7881-355-0

    1. Leites vegetais 2. Manteigas vegetais 3. Receitas culinárias I. Título..

16-01823   CDD: 641.6

Índices para catálogo sistemático:
1. Leites e manteigas vegetais : Receitas : Culinária 641.6

2017
Alaúde Editorial Ltda.
Avenida Paulista, 1337, conjunto 11
São Paulo, SP, 01311-200
Tel.: (11) 5572-9474
www.alaude.com.br

*Dedico este livro às minhas meninas,
Meadow e Olive.*

Sumário

Introdução ... 11
Por que usar o leite vegetal? ... 11
Por que usar a manteiga vegetal? ... 13
Tipos de leites e manteigas vegetais ... 15
Benefícios de leites e manteigas vegetais ... 16
Ingredientes ... 18
Equipamentos ... 23
Dicas de cozinha ... 27

Leites vegetais ... *31*

Leite vegetal básico ... 33
Leite de castanha de caju e chocolate ... 37
Leite de castanha-do-pará e morango ... 39
Leite de avelã e baunilha ... 42
Leite de pistache e especiarias ... 45
Leite de semente de girassol ... 46

Chocolate quente de leite de castanha de caju ... 50
   Receita-bônus: Chantili de coco ... 51
Chai latte com especiarias ... 53

Manteigas vegetais ... *55*

Manteiga vegetal básica ... 56
Manteiga de amendoim clássica ... 59
Manteiga de castanha de caju e melado com toque de sal ... 61
Manteiga cremosa de pistache ... 63
Pasta de avelã e chocolate ... 64
Pasta de amendoim e chocolate ... 68
Manteiga de amêndoa, xarope de bordo e baunilha ... 71
   Receita-bônus: Donuts e sanduíches de maçã ... 72
Manteiga de noz-pecã e canela ... 75
Pasta de macadâmia, bordo e canela ... 76

Pasta pedaçuda de banana
e nozes ... 80

   Receita-bônus: Fudge
   congelado de banana e nozes ... 81

Manteiga de castanha-do-pará
com "caramelo" salgado ... 83

Manteiga de semente
de girassol ... 85

Como aproveitar a polpa de oleaginosas 87

Polpa vegetal básica ... 88

Panqueca de banana e manteiga
de amendoim (sem cereais) ... 91

   Receita-bônus:
   Calda de chocolate ... 93

Bolinhas energéticas
(sem cereais) ... 95

Bolinhas proteicas ... 97

Cookies de melado e amêndoa ... 99

Granola de amêndoa, bordo
e baunilha ... 101

Café da manhã 105

Muffins de geleia e manteiga
de amêndoa ... 107

   Receita-bônus:
   Geleia caseira ... 108

Muffins de banana, nozes e aveia ... 109

Muffins de banana com recheio
de chocolate e avelã ... 113

Granola de manteiga
de amendoim ... 115

   Receita-bônus: Cookies de granola
   de manteiga de amendoim ... 116

Donut de manteiga de amendoim
e gotas de chocolate ... 119

Cookies de manteiga de amêndoa
com quatro ingredientes ... 121

Mingau prático de aveia com
"caramelo" e noz-pecã ... 124

Pudim de chia e frutas
vermelhas ... 128

Smoothies 131

Smoothie verde de banana
e morango ... 133

Smoothie de chocolate e
manteiga de amêndoa ... 135

Smoothie de frutas vermelhas
e couve ... 138

Smoothie saudável de chocolate ... 139

Smoothie proteico tropical ... 142

Smoothie de geleia e manteiga
de amendoim ... 145

Smoothie de creme e laranja ... 147

Smoothie de torta de maçã ... 149

Delícias sem forno — 151

Tortinha de morango e creme de castanha de caju — 153

Torta de coco, chocolate e avelã — 155

Trufa de castanha de caju e melado com toque de sal — 159

Fudge de coco e chocolate branco — 161

Fudge de manteiga de amendoim e chocolate — 165

Musse de manteiga de amêndoa — 167

Barrinhas de brownie — 169

Bolinhas de massa de cookie — 173

Forminhas de chocolate com banana e manteiga de amêndoa — 175

Delícias de forno — 179

Cookies de amêndoa e coco — 181

Sanduíches de cookies de manteiga de amêndoa — 183

Brownie de chocolate e manteiga de amendoim — 187

Cookies de macadâmia e gotas de chocolate — 189

Cookies de manteiga de castanha de caju com recheio de chocolate — 193

Blondie de manteiga de amêndoa (sem farinha) — 195

Barrinha de granola e manteiga de amendoim (feita na panela elétrica) — 199

Sorvetes — 201

Sorvete de manteiga de amendoim com três ingredientes — 203

Sorvete de chocolate e avelã — 205

Sorvete de pistache — 209

Sorvete de chocolate e manteiga de amendoim — 211

Sorvete de banana e macadâmia — 215

Inspirações — 217

Agradecimentos — 218

Índice remissivo — 219

Introdução

Bem-vindo ao meu livro! Vou começar contando uma breve história dos leites e manteigas vegetais e como eles podem fazer bem à sua saúde. Também vou mostrar os diferentes tipos de leites e manteigas vegetais que podem ser feitos em casa. Imagino que você já conheça o leite de amêndoa e a manteiga de amendoim, mas saiba que nessas categorias ainda há muitas possibilidades. Você vai ficar surpreso com a variedade.

Para ajudá-lo na cozinha, incluí uma lista dos ingredientes e equipamentos mais comuns que uso para criar as minhas receitas. Também dou dicas valiosas que vão facilitar muito o trabalho. Vou ensinar as receitas de leites e manteigas vegetais básicos e também algumas variações de sabor que vão fazer você voltar à infância. A diversão vai começar quando explorarmos algumas ideias criativas e deliciosas de leites e manteigas que já fizemos. Há, inclusive, receitas que reaproveitam a polpa. E, no final de tudo, é só relaxar e aproveitar, pois a melhor parte dessas receitas é saborear as delícias que você vai criar.

Por que usar o leite vegetal?

Imagine um copo de leite gelado. Você consegue imaginar também uma vaca no pasto, mugindo feliz? Essa imagem passa longe da realidade das fazendas produtoras de leite. Por outro lado, sabemos também o quanto é difícil negar a influência da indústria de leite e derivados na nossa vida. Usamos leite no café e nos cereais matinais. Usamos leite para fazer bolos e sobremesas. Usamos leite para fazer comida. Dizemos que o leite é encorpado, aveludado e suave. Há até quem tome leite direto da caixinha. Desde pequenos ouvimos que o leite de vaca faz bem para dentes e ossos. E continuamos dando leite para nossos filhos na intenção de que cresçam fortes e saudáveis, sem jamais questionar se o que a publicidade diz é verdade ou não. "Eu vi na TV e na internet, então deve ser verdade!"

Mas aí eu lhe pergunto: por que nos limitamos ao leite de origem animal? Por que ficar só com o leite de vaca? Amêndoa, castanha de caju, avelã, macadâmia, castanha-do-pará e até mesmo semente de girassol podem ser transformados em leites, cada um com suas características de untuosidade, cremosidade, sedosidade e teor nutricionais próprios. Além disso, esses leites trazem sabores novos e interessantes que podem ser aproveitados no café, nos cereais matinais e em bolos e sobremesas. A polpa que sobra da produção dos leites vegetais também pode ser reaproveitada em receitas deliciosas e divertidas. Veja como na seção "Como aproveitar a polpa de oleaginosas" na página 87.

Com a evolução, os povos do norte da Europa passaram a digerir a lactose do leite de vaca. Acredita-se que o consumo de leite não humano tenha se iniciado há cerca de 7.500 anos, quando a prática da domesticação de animais para gado se difundiu. No entanto, em outras regiões do mundo e cada vez mais no Ocidente, muitas pessoas apresentam intolerância à lactose. Outras pessoas, como é o caso das minhas filhas, têm alergia total ao leite de vaca (uma delas teve problemas gastrointestinais graves, como refluxo ácido). O leite de vaca está entre os alérgenos mais comuns das crianças norte-americanas. Por uma série de razões, uma parte considerável da população mundial não pode consumir o leite de vaca.

Para quem não pode consumir leite de vaca ou simplesmente deseja ampliar suas possibilidades, há outras opções. Você já deve até ter experimentado algumas. O leite de soja já esteve em voga. No entanto, por vários motivos, as pessoas já diminuíram o seu consumo. Um fator é a preocupação crescente em relação aos organismos geneticamente modificados (OGMs), já que nos Estados Unidos mais de 90% dos produtos à base de soja são feitos com OGMs. Outras alternativas, como os leites de arroz e aveia, não têm a versatilidade dos leites de oleaginosas, por não serem tão encorpados. Além disso, a maioria dos leites vegetais industrializados contêm conservadores, espessantes, açúcar adicionado e outros aromatizantes naturais que visam a melhorar a validade, sabor e consistência do produto. O problema é que essas substâncias não fazem bem à saúde.

Os leites de oleaginosas são gostosos e de fácil preparo, sendo uma alternativa saborosa e natural a outros tipos de leite. Vejamos o leite de amêndoa, por exemplo. Há quem pense que seja uma novidade, mas na era medieval o leite de amêndoa era um item básico de várias cozinhas, já que o de origem animal estragava rápido. No entanto, com o advento da refrigeração o leite de vaca passou a ser o mais consumido. Nos Estados Unidos, no começo dos anos 2000, só se encontrava leite de amêndoa em lojas de produtos naturais especializadas. Mais recentemente, no entanto, o leite de amêndoa voltou a ser mais consumido, já que aumentou o número de pessoas que abrem mão de derivados de leite e soja. No ano de 2011 as vendas de leite de amêndoa subiram 79% em relação às de 2010.

Embora hoje seja muito mais fácil encontrar leites de amêndoa, avelã etc. nos mercados dos Estados Unidos, a maioria das marcas comerciais ainda contêm aditivos e espessantes. Essas substâncias servem para prolongar a validade e melhorar a textura do produto. Se a sua ideia é ter uma alimentação pura, sem conservadores e alimentos processados, fique longe dos produtos que contenham essas substâncias. Admito que a princípio me senti intimidada pela ideia de fazer meus próprios leites vegetais, mas logo dominei a técnica. Com este livro, você também vai ficar até mal acostumado com a enorme variedade de sabores e usos para as oleaginosas, e nem vai mais precisar comprar leite nem manteiga industrializados.

Por que usar a manteiga vegetal?

Quer cena mais americana que a da mãe fazendo um sanduíche de geleia com manteiga de amendoim, sob o olhar afetuoso e faminto dos filhos? Como esse sanduíche tão simples virou um clássico da cultura norte-americana? Sabe-se que os astecas foram o primeiro povo a fazer pasta a partir de amendoim moído. Fato é que sua criação ganhou o mundo e atravessou os séculos. A manteiga de amendoim ganhou fama nos Estados

Unidos durante as duas guerras mundiais. Por ser fácil de transportar e representar uma boa fonte de proteínas, o produto era consumido pelas tropas. Em 1928, a manteiga de amendoim industrializada, feita com óleos parcialmente hidrogenados – que evitavam que o produto se separasse do óleo –, chegou ao mercado.

Atualmente, a manteiga de amendoim, junto com outros tipos de manteiga vegetal, compõe uma indústria que movimenta quase 1 bilhão de dólares. Embora seja um produto bastante apreciado, no qual os americanos gastam muito dinheiro, saiba que é fácil fazer manteiga vegetal em casa. Se você tem um bom liquidificador ou um bom processador de alimentos e um pouco de tempo livre, poderá fazer e consumir sua própria manteiga vegetal saudável e caseira!

Além de saudáveis, as manteigas vegetais também fazem bem à saúde. Duas colheres de sopa de qualquer tipo de manteiga vegetal contêm cerca de 200 calorias, uma boa quantidade de gorduras boas e de 4 a 8 gramas de proteínas. Fazendo a manteiga vegetal caseira, você também estará consumindo um produto mais próximo da matéria-prima. O motivo é que na produção caseira, você vai pular as etapas de processamento empregadas pela indústria necessárias para evitar que a manteiga se separe do óleo e, assim, aumenta a validade do produto. São muitos benefícios. A única desvantagem é a louça.

Tipos de leites e manteigas vegetais

Quase todo mundo já ouviu falar de leite de amêndoa e de manteiga de amendoim. Eu mesma já falei um bocado dessas preparações. Elas provavelmente são as mais conhecidas variedades de leite e manteiga vegetais, respectivamente. Mas existem outros tipos igualmente gostosos e nutritivos. Nos próximos capítulos, ensinarei receitas fantásticas de leites e manteigas vegetais feitas com vários tipos de oleaginosas: macadâmia, castanha-do-pará, pistache, avelã, castanha de caju e, é claro, amêndoa. Também incluí receitas com semente de girassol para os alérgicos a oleaginosas. Todos os leites e manteigas ensinados aqui podem ser usados em deliciosas sobremesas e muito mais. Ao final deste livro, você ficará admirado com a versatilidade das oleaginosas. Espero que goste!

INTRODUÇÃO

Benefícios de leites e manteigas vegetais

Além de deliciosos, os leites e manteigas vegetais também são verdadeiras usinas de nutrientes. São excelentes fontes de ácidos graxos ômega, de fibras, muitos sais minerais e vitaminas, além de não conter açúcar nem colesterol. E para quem se preocupa com calorias, são preparações pouco calóricas. Bom demais para ser verdade, não? Com tantas qualidades, os leites e manteigas vegetais ajudam a reduzir os riscos de doenças cardiovasculares, combater o câncer, controlar o diabetes e até mesmo ajudar quem sofre de osteoporose. É de se admirar que os leites e manteigas vegetais não sejam tão difundidos. Como já listei os benefícios dos leites e manteigas vegetais para a saúde, vou mostrar como esses produtos se comparam com a concorrência.

TEOR CALÓRICO

O teor calórico do leite vegetal é bem menor que o do leite de vaca. Os leites de origem animal são naturalmente mais calóricos, pois têm a função de atender às necessidades nutricionais dos filhotes em crescimento. Nem preciso dizer que os leites vegetais não servem a esse propósito. Se você se preocupa em cortar calorias, recomendo que adote os leites vegetais. Por exemplo: um copo comum de 240 ml de leite de amêndoa sem açúcar contém apenas 35 calorias no total, sendo que 25 vêm da gordura. Um copo de 240 ml de leite integral e orgânico de vaca contém 150 calorias. A mesma quantidade de leite desnatado, 85 calorias. Ou seja, quatro copos de leite vegetal contêm mais ou menos o mesmo teor calórico de um copo de leite integral de vaca. Seus doces feitos com leite vegetal também vão ficar bem mais saudáveis.

SEM AÇÚCAR E SEM COLESTEROL

Sabia que 240 ml de leite integral podem conter até 35 mg de colesterol? Esse número corresponde a 12% da ingestão diária recomendada. O leite desnatado, embora tenha menos gordura, também contém colesterol. Já os leites vegetais são naturalmente sem colesterol. Isso é ótima notícia para quem tem propensão genética a colesterol alto. É o caso do meu marido, que teve que abrir mão do leite de vaca. E os leites vegetais ainda têm a vantagem de ajudar a baixar as taxas de colesterol. Isso graças aos efeitos da vitamina E, magnésio, gorduras monoinsaturadas, flavonoides e ácidos graxos ômega. Os flavonoides e ácidos graxos ômega são particularmente importantes, pois combatem doenças cardiovasculares. A pele das oleaginosas, que pode ser mantida para a produção de leites, contém alto teor de flavonoides. Além disso, o leite vegetal não contém açúcar. Se quiser consumi-lo adoçado, é você quem escolhe a quantidade de açúcar. O leite de vaca contém açúcares naturais. Assim, para melhorar o sabor do leite desnatado, os fabricantes adicionam açúcar para substituir a gordura retirada. Não há como fugir do açúcar do leite de vaca.

ALTO TEOR DE FIBRAS

As fibras ajudam no processo de digestão. Infelizmente, a maioria dos americanos não ingere quantidade suficiente na alimentação. A farinha branca, assim como outros alimentos processados, perde as fibras durante o beneficiamento. O leite de vaca não contém fibras naturais. O leite de oleaginosas, por ser um alimento de base vegetal, contém 1 grama de fibra a cada copo de 240 ml. A necessidade diária de fibras varia de 25 a 38 gramas por pessoa. Mesmo uma pequena quantidade já ajuda.

VITAMINAS E SAIS MINERAIS

A maioria dos leites vendidos no mercado é fortificada com vitaminas e sais minerais. Essa é uma maneira pomposa de dizer que os nutrientes foram incorporados artificialmente, seja por terem sido retirados durante o beneficiamento, seja por nunca terem existido no alimento. É importante que se saiba disto: se você acha que a única forma de obter vitaminas e sais minerais é pelo consumo de leite de marcas comerciais, está enganado. Cobre, zinco, ferro, magnésio, manganês, cálcio, fósforo, potássio e selênio podem ser encontrados naturalmente nos frutos oleaginosos. Consumindo o leite vegetal caseiro, você estará ingerindo todos esses nutrientes.

TEOR PROTEICO

Um copo de 240 ml de leite de amêndoa caseiro contém cerca de 2 gramas de proteínas, teor quase quatro vezes menor que o encontrado na mesma quantidade de leite de vaca. (A mesma quantidade de leite de soja normalmente contém 7 gramas de proteínas.) Embora a maioria dos leites vegetais tenha teor proteico menor, os benefícios à saúde que eles oferecem superam essa deficiência. Se a sua intenção é ingerir proteínas por meio do leite, adicione proteína em pó à sua bebida. Para quem não pode consumir leite de vaca, é importante saber que o teor proteico do leite de oleaginosas é superior ao de outro substituto comum do leite de vaca, o leite de arroz. Em geral, para quem mantém uma alimentação equilibrada, esse baixo teor proteico do leite vegetal não deve ser motivo de preocupação.

Ingredientes

A maioria dos ingredientes usados nas receitas desse livro é acessível. No entanto, acho importante passarmos a lista abaixo, já que alguns dos itens precisam de explicação. Por exemplo, em várias receitas peço farinha de aveia, aveia em flocos grossos ou aveia em grãos sem glúten. Quem tem sensibilidade ao glúten deve consumir apenas a aveia sem glúten com certificação. A aveia normalmente é beneficiada nas mesmas usinas de beneficiamento de trigo e isso costuma ser informado pelo fabricante, mas leia sempre os rótulos para garantir.

Escolhi os ingredientes listados a seguir por serem naturais, como é o caso das frutas, das oleaginosas, sementes e grãos, ou por serem minimamente processados, como o caso do xarope de bordo (maple syrup). A maioria dos ingredientes pode ser encontrada em lojas e empórios de produtos naturais ou em lojas *online*.

PURÊ DE MAÇÃ

O purê de maçã pode ser usado em uma série de receitas de doces, bolos e pães. Gosto de usá-lo para dar liga e substituir o óleo, ou para adoçar naturalmente doces, bolos e pães. Eu só uso o purê de maçã sem açúcar; assim, posso controlar melhor a quantidade de açúcar usada na receita. Leia sempre o rótulo do purê, já que alguns fabricantes adicionam ingredientes indesejados.

Para usar o purê de maçã no lugar do óleo, siga a proporção de 1:1. No entanto, as receitas em que o óleo foi trocado pelo purê de maçã podem ficar com resultado ligeiramente pastoso. Gosto de usar de 1 a 2 colheres (sopa) de óleo nas minhas receitas para obter uma textura melhor. Se você for aventureiro, pode fazer seu purê de maçã em casa batendo maçã descascada e picada no processador de alimentos. Procure usar uma variedade de maçã mais doce. Gosto muito da maçã do tipo gala.

CACAU EM PÓ

Uma ótima forma de incorporar antioxidantes aos seus leites e manteigas vegetais é adicionando um pouco de cacau em pó, que é a forma crua e não beneficiada da semente de cacau. Os antioxidantes, abundantes no cacau em pó, destroem os radicais livres e podem ajudar a prevenir o câncer. Você pode usar o cacau em pó ou em nibs, que são parecidos com gotas de chocolate. Como o cacau cru não contém açúcar, é de sabor bem amargo. Use-o com parcimônia em receitas doces. Se você já gosta de chocolate amargo, não será difícil fazer a transição para o cacau puro.

CHOCOLATE

Algumas das receitas pedem chocolate amargo ou gotas de chocolate. Gosto de usar chocolate amargo com 72% de teor de cacau; é uma forma de evitar o excesso de açúcar. Claro, fique à vontade para usar chocolate com teor maior ou menor de cacau. É uma questão de preferência pessoal. A maioria das receitas com chocolate amargo pede barras de 85 a 100 gramas. Atualmente é possível encontrar chocolates de altíssima qualidade no mercado.

Gosto de usar gotas de chocolate que não contenham glúten, derivados de leite e oleaginosas na composição. No entanto, algumas marcas contêm uma pequena quantidade de açúcar processado. Uma opção são as gotas de alfarroba, que são levemente doces. No entanto, acho que elas não funcionam tão bem quanto as gotas de chocolate nas receitas que pedem chocolate derretido.

Se nenhum desses tipos de chocolate se encaixa no seu estilo de vida, você também pode fazer o seu em casa. Basta misturar ½ xícara (120 ml) de óleo de coco, ½ xícara (60 g) de cacau ou cacau em pó e de 2 a 3 colheres (sopa) de xarope de bordo (maple syrup). Você pode até pôr a mistura de chocolate derretido em fôrmas e fazer suas próprias barrinhas!

LEITE DE COCO

O leite de coco é muito comum em sorvetes veganos e sopas cremosas. Encorpado e aveludado, ele é a alternativa vegetal perfeita para o creme de leite fresco. Gosto muito de usá-lo nas minhas receitas de sorvete. Quando eu falar de leite de coco, estarei me referindo sempre ao tipo integral.

ÓLEO DE COCO

Nas receitas deste livro, uso quase que exclusivamente o óleo de coco. Além de adorar seu sabor, quero aproveitar seus benefícios à saúde. O óleo de coco é vendido em estado semissólido dentro de potes de vidro. Pode ser armazenado na despensa, contanto que a temperatura não passe de 24 °C.

Quando uma receita pedir óleo de coco, derreta-o e meça-o em estado líquido. Se o óleo de coco for guardado na despensa, que é como faço em casa, pode ficar semipastoso. Para derretê-lo, deixe o vidro numa panela de água morna para aquecê-lo de leve. Ele derrete em 1 ou 2 minutos. Se a pressa for grande, você também pode derretê-lo no micro-ondas por 1 minuto na potência baixa.

AÇÚCAR DE COCO

O açúcar de coco é obtido da seiva do coqueiro. Por ser minimamente processado, é um dos poucos adoçantes que uso em casa. Em sua composição há traços de potássio, zinco, cálcio e ferro. Além disso, tem baixo índice glicêmico, o que evita picos na taxa de glicose no sangue.

SUBSTITUTOS DE OVOS

Há várias maneiras de fazer substitutos para ovos. Usar a linhaça moída é um dos meus métodos preferidos. Para fazer o equivalente a um ovo grande, basta misturar 1 colher (sopa) de linhaça moída com 3 colheres (sopa) de água morna. Se for aumentar a receita, siga sempre a proporção de 3:1; eu normalmente faço três "ovos" de cada vez. Depois que a linhaça e a água estiverem misturadas, leve à geladeira por 1 minuto. A mistura vai ficar viscosa como ovo. Você também pode usar esse método usando chia, mas prefiro a linhaça por ser mais em conta.

GOJI

A goji é um dos superalimentos da natureza. É uma frutinha levemente doce e ácida, riquíssima em vitaminas C e E. Pesquisas recentes mostram que ela é um estimulante natural. Na medicina chinesa, a goji é muito usada para tratar hipertensão e diabetes. Eu a uso muito em smoothies, com aveia, no pudim de chia e onde mais puder incorporá-la. Sempre que eu mencionar a goji nas minhas receitas, considere-a na versão desidratada.

FAVA DE BAUNILHA EM PÓ

O uso de especiarias como a fava de baunilha em pó ajuda a realçar a doçura das receitas, da mesma forma que a pimenta calabresa realça o sabor salgado dos pratos. Se não quiser usar o açúcar numa receita, a fava de baunilha em pó é ótima substituta. Além disso, ela dá um sabor incrível à preparação.

Se tiver dificuldade de encontrar a fava de baunilha em pó, use a semente da fava de baunilha. Com o auxílio de uma faca, abra a fava ao meio e raspe as sementes. Moa as sementes até formar um pó para usar na receita e guarde a fava para aromatizar caldas e leites.

Você também pode usar o extrato de baunilha em vez da fava. No entanto, se usar extrato de baunilha em receitas crudívoras, recomendo que diminua a quantidade pela metade. Como a receita não é cozida, pode ser que você sinta um sabor leve de álcool.

TÂMARA

Confesso: tenho um caso de amor com a tâmara. Costumo chamá-la de "bala da natureza", graças à sua doçura caramelada. Essa fruta pode ser usada como substituta do açúcar, como ingrediente para dar liga e uma textura mais macia às preparações de pães, bolos e doces. Outra vantagem é o seu alto teor de fibras. Um dos meus petiscos preferidos é a tâmara recheada de manteiga de amêndoa. Fica divina!

Existem vários tipos, mas a minha preferida é a variedade medjool, que é maior e mais macia. Segundo a minha sogra, que é turca, é o melhor tipo que há. E, depois de provar vários tipos de tâmara, tenho que concordar com ela.

OLEAGINOSAS

Todas as oleaginosas usadas nas receitas do livro são cruas e sem sal. Como não são ingredientes baratos, recomendo que as compre quando estiverem em promoção para fazer estoque. A meu ver, comprá-las no atacado é a opção mais econômica. Ao comprar as oleaginosas embaladas, parte do dinheiro pago custeia a embalagem. Quando for comprar as mais caras, como nozes e castanhas de caju, prefira as quebradas, e não as inteiras. Só isso já ajuda a economizar. Como esses ingredientes serão batidos no liquidificador, investir no produto inteiro, mais caro, é desperdício de dinheiro.

Dá para economizar ainda mais fazendo suas oleaginosas assadas e salgadas em casa, como ensino na seção "Dicas de cozinha" da página 27. As oleaginosas preparadas em casa ficam bem mais gostosas e econômicas do que as compradas prontas.

SUBSTITUTOS DE OLEAGINOSAS

Se você ou alguém da família for alérgico a oleaginosas, saiba que é possível, sim, preparar várias receitas deste livro. Basta substituí-las por aveia, semente de girassol, linhaça moída ou semente de abóbora. Nas receitas que pedem leite de oleaginosas, você pode substituí-lo por leites de aveia ou arroz, que já são encontrados em algumas lojas e mercados.

AVEIA

Gosto de usar aveia para dar um toque crocante e adocicado às minhas receitas. Eu uso quase que exclusivamente a aveia em flocos grossos. Para quem segue uma alimentação sem glúten, é importantíssimo verificar se a aveia é comprovadamente sem glúten, já que o cereal é beneficiado em maquinário que também beneficia trigo.

FARINHA DE AVEIA

Para evitar o glúten nas minhas receitas, uso farinha de aveia. É fácil fazer sua própria farinha de aveia sem glúten em casa: basta bater a aveia em flocos grossos sem glúten no liquidificador ou processador de alimentos. Para obter 2 xícaras (180 g) de farinha de aveia, use 3½ xícaras (350 g) de aveia em flocos grossos.

Se não gostar de aveia, use outro tipo de farinha sem glúten na mesma proporção para fazer a substituição. Se não tiver problema com trigo e derivados, fique à vontade para usar farinhas de espelta ou de trigo integral, que também podem ser usadas na mesma proporção.

XAROPE DE BORDO (MAPLE SYRUP)

Quando não uso tâmaras para adoçar minhas receitas, recorro ao xarope de bordo (maple syrup). Trata-se de um ingrediente minimamente processado, cujo sabor eu adoro. Procure marcas de xarope de bordo puro. Se o seu bolso permitir, recomendo que use o produto orgânico.

COCO RALADO

O coco ralado é vendido adoçado ou não. Sempre compro o tipo não adoçado, pois gosto de controlar a quantidade de açúcar das minhas receitas. Há algumas marcas de coco ralado desengordurado. Eu sempre uso o coco ralado integral. Para fazer a manteiga de coco, bata o coco ralado integral no processador. O resultado é uma manteiga deliciosa, que derrete na boca. Uso-a como base para receitas mais cremosas.

Equipamentos

Antes de criar o meu blog, *My Whole Food Life*, eu levava um estilo de vida tipicamente americano, com alimentação composta basicamente de alimentos industrializados. Se me dissessem na época que dava para produzir meus próprios leites e manteigas vegetais com amêndoa, castanha de caju e castanha-do-pará, eu ia achar que não conseguiria. Mas logo descobri que não é bem assim: os leites e as manteigas vegetais são de preparo muito simples.

Há, no entanto, alguns equipamentos que ajudam na produção. Além dos utensílios mais óbvios, como tigelas, espátulas, copos medidores, assadeiras etc., alguns eletroportáteis e ferramentas ajudam a simplificar e organizar a tarefa. Os itens listados são úteis também para outras tarefas. Se você não tiver todos ainda, não se preocupe: o investimento é recuperado bem rápido, considerando a variedade de preparações que poderá fazer em casa em vez de comprar.

TECIDO FINO DE ALGODÃO

Um bom tecido fino e resistente é essencial para a produção de leites vegetais. Não há como prescindir dele no processo. No começo, tentei fazer meus leites usando um tecido de baixa qualidade. O resultado? O pano se rompeu na primeira tentativa de fazer leite, fazendo uma enorme sujeira. Use um tecido finíssimo e durável. O meu é 100% algodão e mede 80 x 80 cm. Investir num excelente tecido fino de algodão é a opção mais econômica, pois não será necessário trocá-lo tão cedo. Depois de usar e lavar meu tecido, deixo-o pendurado tomando sol. Além de tirar manchas, o sol ajuda a eliminar odores do tecido.

Você pode usar um saco coador de voal especial para leites vegetais, mas o tecido de algodão funciona igualmente bem.

COLHER DE SORVETE COM EJETOR

Eu adoro usar esse tipo de colher para cookies, pois assim garanto a uniformidade dos biscoitos. Eles ficam do mesmo tamanho e assam no mesmo tempo. Além disso, a colher me ajuda a fazer menos sujeira. Antes eu passava a massa para a assadeira com o auxílio de duas colheres. Só que caía massa por toda parte, e os biscoitos nunca ficavam bonitos. Recomendo que invista numa boa colher com ejetor. Comprei a minha depois de pesquisar bastante em lojas *online*.

PENEIRA FINA

Ferramenta indispensável. Sem ela é impossível fazer leite vegetal. A peneira fina agarra a polpa das oleaginosas batidas no liquidificador, deixando o leite bem liso. A textura e a consistência são qualidades importantes do leite vegetal. O excesso de polpa pode prejudicar o sabor do produto, já que as partículas podem incomodar a percepção do leite na boca. Como há vários tamanhos de peneira, escolha uma que se apoie perfeitamente numa tigela grande. Assim você evita ter que segurá-la enquanto tenta peneirar o leite.

PROCESSADOR DE ALIMENTOS

Sem dúvida, o processador de alimentos é o aparelho que mais uso na minha cozinha; uso-o praticamente todas as vezes em que faço comida. Meu marido até brinca: diz que os fabricantes de processadores deveriam me contratar para testar os aparelhos, já que eu os uso tanto. Com ele eu pico oleaginosas, moo farinha, faço manteigas vegetais, misturo molhos, corto legumes para a sopa e muito mais. Se você me perguntar qual é o aparelho absolutamente indispensável na cozinha, respondo: é o processador de alimentos. Na minha casa ele é pau para toda obra. O meu aparelho tem capacidade de 7 xícaras (1,75 litro) e atende muito bem às minhas necessidades de uso. Comprei-o por um preço considerável, e o investimento valeu muito a pena. O mais importante é que ele reduz o tempo gasto com o pré-preparo dos ingredientes

FUNIL

Depois de emporcalhar minha cozinha tentando passar um leite vegetal da tigela para a jarra, decidi que não poderia mais ficar sem esse utensílio. Se a sua tigela tem bico, talvez até dê para passar o leite para a jarra sem o auxílio do funil. Mas, para mim, ainda é um utensílio imprescindível.

TIGELAS DE VIDRO

São essenciais para derreter chocolate. Ao pousar a tigela de vidro sobre uma panela com água fervente, é possível derreter o chocolate delicadamente sem queimá-lo. Esse método se chama banho-maria. Como o vidro é um material durável, não há motivo para se preocupar se o bisfenol A (substância química comum em vários plásticos) vai passar para os ingredientes. Comprei minhas tigelas num *kit* com três unidades. Elas também são úteis para servir.

POTES DE VIDRO

Guardo meus leites vegetais em potes ou jarras de vidro com bico e tampa. Compre potes de vidro com tampas herméticas, pois toda vez que for usar os leites será preciso sacudir o vasilhame. O motivo é que, quando o leite é armazenado na geladeira, as partículas se sedimentam no fundo, separando-se da água. Evito recipientes de plástico porque, além de vazarem com mais facilidade, quero evitar ao máximo o contato com o bisfenol A. Minhas jarras têm capacidade para 4 xícaras (cerca de 1 litro) de leite e me atendem muito bem. Para armazenar as manteigas vegetais, gosto de usar potes de vidro com capacidade de 340 ml. Para mim, é o tamanho perfeito.

LIQUIDIFICADOR POTENTE

Na verdade, é possível preparar leite vegetal usando um liquidificador comum. Só que o processo fica mais demorado, pois as oleaginosas devem ser liquidificadas em porções bem pequenas. Um liquidificador profissional facilita e agiliza em muito a tarefa. Além disso, liquidifica as oleaginosas com muito mais eficiência que um aparelho comum. Pela minha experiência, quando a oleaginosa fica bem liquidificada, obtém-se maior quantidade de leite. Um liquidificador bem potente também é excelente para fazer manteigas vegetais bem cremosas. As manteigas vegetais feitas no liquidificador ficam bem mais lisas do que as feitas no processador, mas, se você gosta de manteiga vegetal pedaçuda, fique com a segunda opção.

Um liquidificador desses sai caro, mas, se sua ideia é começar a produzir leites vegetais em casa, o investimento vai valer a pena.

SORVETEIRA

Para quem quer fazer sorvetes em casa, uma sorveteira é um item indispensável. Meu modelo é muito fácil de usar e de limpar. É importantíssimo deixar o recipiente da sorveteira pelo menos 18 horas no freezer antes de utilizá-la.

COLHERES E COPOS MEDIDORES

Colheres e copos medidores são itens essenciais para receitas de doces, bolos ou pães. Para medir ingredientes secos, gosto de usar copos medidores duráveis, feitos de aço inox. Já tive vários de plástico, que quebraram. Para ingredientes líquidos, gosto de usar um copo medidor de vidro refratário, material também bastante durável. Sua alça é fácil de segurar e evita que eu derrame os líquidos quando os transfiro de um recipiente para outro.

BATEDEIRA
Não adianta tentar (acredite, eu já tentei!): você jamais vai conseguir bater uma massa à mão tão bem quanto a batedeira. Seja ela uma potente batedeira fixa ou um mixer de mão pequeno, é um aparelho indispensável para o preparo de receitas de doces, pães e bolos. Atualmente uso uma excelente batedeira fixa, mas durante anos usei um mixer. A batedeira com batedor globo é útil para fazer chantilis vegetais.

FORMINHAS DE MUFFIN
Essas forminhas são ótimas, pois dispensam a necessidade de untar as fôrmas metálicas. Você pode usar forminhas de papel ou de silicone, que são as minhas preferidas. O muffin se desenforma com mais facilidade das fôrmas de silicone do que das de papel. Além disso, com elas não se gera lixo.

PAPEL-MANTEIGA
Esse papel é excelente para forrar assadeiras. Ao contrário do papel-alumínio, o papel-manteiga dispensa o uso de gordura para untar e não deixa gosto residual no alimento. Existem também os tapetes de silicone, que podem ser reaproveitados inúmeras vezes.

CORTADOR DE PIZZA
Você deve estar aí se perguntando: "Falando sério: por que eu preciso ter um cortador de pizza para fazer doces e sobremesas?" Eu adoro usar o meu, que me ajuda a cortar as preparações em pedaços de tamanho igual. Às vezes, cortar brownies e barrinhas usando a faca não traz bons resultados. Com o cortador de pizza, esse problema acaba.

PANELA ELÉTRICA
Acredite se quiser, mas a panela elétrica se presta para muito além de arroz e ensopados. Já consegui fazer pães, receitas com quinoa e outras delícias de forno usando a panela elétrica. Uma das receitas está neste livro! É a barrinha de granola e manteiga de

amendoim (página 199). Feita na panela elétrica, ela é a prova de que os eletroportáteis de cozinha podem ter utilidades que nunca imaginamos.

PANELA PEQUENA
Em várias receitas peço que se use uma panela pequena. É uma ótima opção para derreter manteigas vegetais para uso em receitas. Recomendo muito que você invista numa panelinha de aço inox. Além de durar aparentemente para sempre, a panela de aço inox não solta resíduos, como é o caso das panelas com revestimento em teflon. E mais: panelas menores são bem mais fáceis de lavar.

ESPÁTULA
A espátula é um excelente utensílio para raspar até a última gota de massa da tigela. Gosto da espátula de silicone, que, além de ser bem mais durável que a de borracha, também resiste ao calor. Por esse motivo, é excelente opção para misturar o chocolate derretendo em banho-maria.

Dicas de cozinha

Estas dicas vão ajudar você a economizar tempo, dinheiro e a evitar dor de cabeça. Seguindo-as, prometo que a sua vida vai ficar mais fácil. Eu sei porque já foram muito úteis para mim.

* As oleaginosas são produtos bem caros. Como já comentei antes, comprá-las a granel traz uma boa economia. A única desvantagem é a necessidade de providenciar recipientes hermeticamente fechados para guardá-las. Eu uso potes de vidro. A maioria dos empórios de produtos naturais vende oleaginosas a granel. Outra dica ótima é comprá-las quebradas, e não inteiras, que custam mais caro. Para o uso que proponho neste livro – produção de leites e manteigas vegetais –, elas terão que ser trituradas mesmo. Então, se estiverem em pedaços, é perfeito.

* Sabia que as oleaginosas ficam rançosas? Em temperatura ambiente, elas podem durar de 1 a 12 meses, dependendo do tipo. Guarde-as na geladeira ou no freezer para que durem mais. Na geladeira, elas continuam frescas por, no mínimo, 12 meses. A exceção são os pignoli, que duram apenas 4 meses. Congeladas, as oleaginosas podem durar até

2 meses. Claro que é muito provável que elas acabem antes disso, mas fica a dica!

* Quer economizar com especiarias e óleos? Esses produtos, sobretudo os de boas marcas orgânicas, acabam sendo mais caros. Minha sogra, que é turca, me deu a dica: os empórios praticam preços melhores que os supermercados, e, em geral, oferecem produtos de qualidade bem superior. Se não tiver esse tipo de loja perto da sua casa, procure em lojas de produtos naturais. Sai bem mais em conta, já que você pode comprar apenas a quantidade necessária. Dessa forma, evita-se que aquele tempero caríssimo e raro, usado apenas uma vez naquela receita maravilhosa dois anos atrás, fique velho na despensa. Eu sei porque já passei por isso.

* Quando determinada fruta estiver na época, compre em grandes quantidades e congele-a para usar durante o ano todo. Essa é mais uma medida que ajuda a economizar. Fazendo isso, você poderá saborear frutas como morangos e pêssegos, por exemplo, o ano inteiro. Elas ficam ótimas em smoothies e em receitas de doces e bolos. Para a maioria das frutas, o processo de congelamento consiste em cortá-las em pedaços, arrumá-las numa assadeira forrada com papel-manteiga e levar ao freezer. Depois que congelarem, guarde-as em saquinhos com fecho hermético para facilitar o armazenamento e devolva ao freezer. Nessas condições, as frutas duram até 6 meses.

* Se as manhãs na sua casa também são caóticas como na minha, sugiro que deixe os smoothies (página 131) preparados de véspera. Depois de batê-los, coloque-os em forminhas de gelo e leve ao freezer. De manhã, é só bater novamente. Com esse método você ganha tempo nos dias mais corridos e ainda garante um smoothie delicioso e rápido. Dá até para fazer smoothies para a semana inteira seguindo essa dica. Se não tiver tempo de lavar o liquidificador na hora, faça o seguinte: coloque um pouco de detergente no copo do liquidificador, encha de água até a metade e deixe. Quando chegar em casa, ligue o liquidificador por 30 segundos e enxágue. Essa medida normalmente limpa

bem o copo, ou pelo menos dá conta de 90% do serviço.

* Ao medir ingredientes viscosos como xarope de bordo (maple syrup) e manteigas vegetais, recomendo que pincele o copo medidor com um pouco de óleo de sabor neutro. Dessa forma, o conteúdo sairá todo do copo, sem grudar.

* Antes de usar as oleaginosas, deixe-as de molho. Pode parecer simples apenas deixá-las paradas em água, mas há um pulo do gato. Embora muito nutritivas, as oleaginosas apresentam agentes naturais cuja função é protegê-las de perigos. Um exemplo é a germinação precoce. Esses compostos – por exemplo, o tanino – são excelentes para a autodefesa da oleaginosa, mas péssimos para o sistema digestivo humano. (O tanino age como um pesticida natural que protege a oleaginosa de ser devorada por predadores.) O processo de demolha das oleaginosas quebra esses agentes, deixando-as mais digeríveis e, de quebra, mais fáceis de bater. E o valor nutricional aumenta se brotarem na água.

* Para deixar as oleaginosas de molho, encho uma tigela seguindo a proporção de 2 partes de água para 1 parte de oleaginosas. Use água filtrada. Observe que ela não precisa estar em uma temperatura específica. Se quiser, pode juntar também ½ colher (chá) de sal marinho à água. Eu normalmente não uso. Segundo algumas fontes, deve-se deixar as oleaginosas de molho por, no mínimo, 20 minutos. Outras dizem que a demolha deve durar de 2 a 3 horas, enquanto para outras deve ser mais longo ainda. Costumo deixá-las de molho durante a noite em recipiente fechado dentro da geladeira. Recomendo que você faça assim também. Durante o processo, você vai perceber que elas começam a soltar pó e tanino. Depois de retirá-las da água, enxágue-as bem. Se você for usar oleaginosas deixadas de molho ou germinadas para receitas de pães, bolos ou doces, será preciso secá-las antes de empregá-las. Você pode usar um desidratador – seco as minhas a 50 °C durante 10 horas – ou o forno, na temperatura mais baixa, de 30 a 90 minutos, verificando sempre para não tostarem ou queimarem.

* Quando picar as oleaginosas com a faca, deixe um pano de prato limpo sobre a faca e a superfície de trabalho. O pano vai evitar que os pedacinhos saiam voando da tábua. Você também pode usar um miniprocessador para agilizar a tarefa.
* Não se iluda: preparar leite vegetal pode fazer a maior bagunça! Antes de começar, faça todo o pré-preparo. Deixe tudo arrumado, com cada bancada organizada e pronta para ser usada. Coloque as oleaginosas e a água no liquidificador. Arrume uma tigela grande com a peneira fina apoiada e forrada com o tecido fino de algodão. Deixe uma assadeira forrada com papel-manteiga a postos. Ela serve para levar a polpa ao forno, para fins de reaproveitamento. Para quem se organiza direito, o processo é todo bem rápido.
* É importantíssimo armazenar corretamente o leite vegetal. Guardo os meus na geladeira em vidros hermeticamente fechados. A maioria dos leites dura de 3 a 5 dias na geladeira.
* Se for usar logo a polpa (desidratada no forno), transfira-a para um pote hermeticamente fechado. Se não for usá-la tão cedo, guarde-a na geladeira, também em recipiente hermeticamente fechado. Ela dura algumas semanas na geladeira. Se sua ideia é guardá-la por mais tempo, recomendo que a congele. Guardo as minhas em sacos plásticos com fecho hermético.
* Uma ótima maneira de realçar o sabor da manteiga vegetal é tostando a oleaginosa antes de batê-la. É bem simples. O método serve para todas as oleaginosas. Preaqueça o forno a 180 °C. Forre uma assadeira com papel-manteiga ou tapete de silicone próprio para uso no forno. Espalhe as oleaginosas na assadeira e salpique um pouco de sal marinho, se quiser. Deixe-as 10 minutos no forno. Na metade desse período, dê uma boa mexida na assadeira para que elas tostem uniformemente. Espere que esfriem totalmente antes de guardá-las. Caso prefira usar as oleaginosas torradas nas suas manteigas vegetais, recomendo que junte 1 colher (sopa) de óleo de sabor neutro à manteiga. Ele ajuda a dar uma consistência cremosa.

Leites vegetais

Seja um novato ou um veterano na produção de leites vegetais, este capítulo é para você. Trago uma receita básica de leite vegetal para os iniciantes. Também vamos explorar variações de sabor divertidas que mostram toda a versatilidade desses tipos de leite. Ao final do capítulo, vai achar o processo tão fácil que não vai entender por que já chegou a comprar leite pronto. Para os alérgicos a oleaginosas, recomendo a receita de leite de semente de girassol da página 46, uma ótima alternativa para quem não pode consumir nozes e castanhas.

Leite de amêndoa

Leite vegetal básico

O PROCESSO DE preparo do leite vegetal básico é fácil e parecido para todas as variedades de oleaginosas. Essa fórmula básica serve bem para leites de amêndoa, castanha-do-pará, castanha de caju, avelã e pistache. As oleaginosas devem ficar de molho na água, de preferência da noite para o dia. Veja mais dicas sobre como deixar as oleaginosas de molho na seção "Dicas de cozinha" na página 27. Depois do liquidificador, a maioria dos leites vegetais deve ser passada por um saco de voal ou tecido fino de algodão próprio para leites vegetais. A melhor dica que posso dar é: esteja sempre preparado. Tenha todos os materiais e utensílios à mão. Dessa forma, reduz-se a bagunça. Confie em mim.

RENDIMENTO: 4 XÍCARAS (960 ML)

1 xícara de oleaginosas cruas e sem sal inteiras (125 g) ou quebradas (70 g)

3½ a 4 xícaras (840 a 960 ml) de água

ADOÇANTES OPCIONAIS:

1 colher (chá) de semente de fava de baunilha (veja página 21)

½ colher (chá) de extrato de baunilha

1 tâmara sem caroço

2 colheres (sopa) de xarope de bordo (maple syrup)

1. Deixe as oleaginosas de molho durante a noite. Gosto de usar potes de vidro (960 ml) para fazer essa etapa. Uso água filtrada. A água não precisa estar em uma temperatura específica. Coloque as oleaginosas no pote. Coloque água suficiente para cobrir, deixando de 2,5 a 5 cm a mais. Elas incham de leve durante a demolha. De manhã, escorra-as e enxágue-as bem.

2. Coloque as oleaginosas no copo de um liquidificador potente com 3½ xícaras (840 ml) de água (veja as observações na próxima página).

continua

LEITES VEGETAIS

Bata por 2 minutos. Começo batendo na velocidade baixa. Aos poucos vou aumentando a velocidade.
3. Apoie uma peneira fina em cima de uma tigela grande. Forre a peneira com um tecido fino de algodão ou um saco de voal próprio para leites vegetais.
4. Despeje o leite batido por cima do tecido ou do saco de voal. Nessa hora, gosto de deixar a gravidade agir sozinha. Leva mais ou menos 5 minutos para a maior parte do líquido cair na tigela.
5. Pegue o saco ou tecido e aperte delicadamente. Você vai ver que vai sair uma grande quantidade de líquido. Continue espremendo até sentir que o líquido acabou. É uma boa ginástica para as mãos!
6. Se quiser, junte o adoçante de sua escolha e bata novamente por 2 minutos.
7. Coloque a polpa numa assadeira forrada com papel-manteiga. Fica uma massa úmida e com grumos. Com os dedos mesmo, esfarelo a polpa e espalho-a pela assadeira, para que seque com mais facilidade. Não jogue a polpa fora! Há várias formas de aproveitá-la, como vamos ver mais adiante (veja na seção "Como aproveitar a polpa de oleaginosas", na página 87).
8. Com o auxílio de um funil, passe o leite vegetal para o pote de vidro. Guarde-o na geladeira de 3 a 4 dias, ou no freezer por até 2 meses.

OBSERVAÇÕES

* Se quiser adicionar um ou dois adoçantes a essa receita, comece juntando a semente de fava de baunilha, que adoça as preparações sem aumentar a quantidade de açúcar. Coe o leite antes de adicionar o adoçante. Se o leite for adoçado no início do processo, pedaços do ingrediente vão ficar presos na peneira; isso acontece muito com a tâmara. Eu a adiciono depois de coar o leite. Devolvo ao liquidificador e bato mais 2 minutos para deixar a mistura bem homogênea. Se você usar o extrato de baunilha, o leite ficará com leve gosto alcoólico, já que a receita não vai ao fogo.
* Conforme você for explorando os diferentes tipos de oleaginosas, vai notar que nem todas precisam ser coadas depois do liquidificador. Algumas oleaginosas, como castanha de caju e pistache, formam um pó finíssimo que passa direto pelo

tecido ou saco de voal. Para essas oleaginosas, eu simplesmente bato no liquidificador, ponho no pote, deixo gelar na geladeira e sirvo.

* Não se assuste quando tirar o leite da geladeira e perceber que ele se separou. Basta agitá-lo que ele volta ao normal. O leite vegetal não contém espessantes, emulsificantes nem estabilizadores para deixá-lo homogêneo.

* Se o seu liquidificador não for do tipo profissional, use o comum. Nesse caso, faça o leite em pequenas porções – cerca de ½ xícara (65 g) de oleaginosas com 1¾ xícara (420 ml) de água de cada vez.

* A maioria dos leites vegetais dura de 3 a 4 dias na geladeira, tempo suficiente para usar em vitaminas e no preparo de receitas. A validade um tanto curta dos leites vegetais é justamente o motivo de eu não fazer quantidades maiores. Os leites vegetais industrializados duram mais porque contêm conservantes.

PREPARO: cerca de 15 minutos (sem incluir o tempo de demolha), mais 2 horas de forno para desidratar a polpa para aproveitamento futuro (veja página 87)

LEITES VEGETAIS

Leite de castanha de caju e chocolate

TODA CRIANÇA ADORA leite com chocolate. Os adultos também! Essa bebida doce e gostosa faz qualquer um voltar no tempo. Pois saiba que existe uma versão adulta e mais saudável. Este leite é delicioso e fica incrível num chocolate quente, ideal para os dias de frio. Também é ótima opção para depois do jantar. A receita é facílima: basta bater no liquidificador, servir e se deliciar. Nem precisa coar. O chocolate não é a única deliciosa opção de sabor para usar nos leites vegetais! Nas próximas receitas mostrarei toda a versatilidade das oleaginosas.

RENDIMENTO: 4 XÍCARAS (960 ML)

- 1 xícara (130 g) de castanha de caju crua e sem sal deixada de molho à noite (veja na página 29)
- 100 g de chocolate amargo ou ½ xícara (80 g) de gotas de chocolate
- 3½ xícaras (840 ml) de água
- 1 colher (sopa) de cacau em pó sem adição de açúcar
- 1 colher (chá) de canela em pó
- 2 tâmaras sem caroço

1. Escorra e enxágue bem a castanha de caju.
2. Pique o chocolate grosseiramente. Não precisa picá-lo muito, já que ele vai ser batido no liquidificador.
3. Bata todos os ingredientes no liquidificador até a mistura ficar homogênea, de 2 a 3 minutos.
4. Sirva o leite imediatamente ou leve-o à geladeira para servir depois. Ele dura de 3 a 4 dias.

OBSERVAÇÃO

Pode coar o leite se quiser, mas com o leite de castanha de caju não é ne-

continua

cessário. Por ela ser naturalmente mole, bate fácil no liquidificador.

Variações

* Se preferir, substitua as tâmaras por 2 colheres (chá) de melado ou xarope de bordo (maple syrup). Eu particularmente prefiro a tâmara.

* Uma ideia legal é distribuir o leite de castanha de caju e chocolate em forminhas de picolé. Ele leva no mínimo 6 horas para congelar. Esse picolé sem lactose é uma excelente opção para os dias de calor.

PREPARO: 10 minutos (sem incluir o tempo de demolha)

Leite de castanha-do-pará e morango

A CASTANHA-DO-PARÁ PRODUZ um leite bem grosso e espesso. É o leite integral dos leites vegetais. O meu costume é consumi-lo puro, mas, como as minhas filhas adoram leite aromatizado, criei essa receita para elas. Como o nome da receita indica, o leite é feito com morango. Ele também fica bom com outras frutas vermelhas, inclusive congeladas, uma opção para quando não conseguir encontrá-las frescas. Se for usar frutas congeladas, descongele-as antes de começar a preparar a receita.

RENDIMENTO: 1½ XÍCARA (360 ML)

- 1 xícara (240 ml) de leite de castanha-do-pará (veja a receita de leite vegetal básico na página 33)
- 1 xícara (125 g) de morango cortado em fatias (fresco ou descongelado)
- 1 colher (chá) de semente de fava de baunilha (veja página 21)

1. Bata todos os ingredientes no liquidificador de 1 a 2 minutos em velocidade alta. O ideal é usar um liquidificador bem potente. Um modelo comum também dá conta do recado, mas é preciso bater os ingredientes por mais tempo.
2. O leite de castanha-do-pará e morango pode ser servido e consumido logo depois de ser batido. Se preferir, coe-o numa peneira fina para retirar os pedaços de polpa. Os dois métodos funcionam; é uma questão de preferência.
3. Sirva o leite imediatamente ou leve-o à geladeira para servir depois. Ele dura até 3 dias.

OBSERVAÇÕES

* Se o morango estiver ácido, use um adoçante. Recomendo 1 tâmara ou 2 colheres (chá) de melado ou xarope de bordo (maple syrup).
* Você pode usar o extrato de baunilha na mesma quantidade da semente de fava, mas o leite ficará com leve gosto alcoólico, já que a receita não vai ao fogo.

PREPARO: 5 minutos (sem incluir o tempo de demolha)

LEITES VEGETAIS

Leite de castanha-do-pará e morango, página 39

Leite de avelã e baunilha, página 42

Leite de avelã e baunilha

NÃO CONHEÇO NINGUÉM que não goste de avelã. Ela produz uma excelente manteiga, que fica magnífica quando misturada com chocolate. Veja minha receita de pasta de avelã e chocolate (página 64). Ensino agora como fazer leite de avelã, que vai fazer você se lembrar por que ela é uma paixão mundial. Esse leite é muito saboroso, e sempre deixa um gostinho de "quero mais". Uso-o até no café de manhã. A polpa da avelã é maravilhosa para ser aproveitada – experimente usá-la na receita de bolinhas energéticas sem cereais (página 95) ou nas bolinhas proteicas (página 97). Só tenho elogios à avelã!

RENDIMENTO: 4 XÍCARAS (960 ML)

1 xícara (135 g) de avelã crua e sem sal deixada de molho à noite (veja página 29)

3½ xícaras (840 ml) de água

1 colher (chá) de semente de fava de baunilha (veja página 21)

1. Escorra e enxágue a avelã.
2. Bata a avelã com a água no liquidificador (se o seu aparelho não for do tipo profissional, veja as observações da página 25) de 2 a 3 minutos até a mistura ficar homogênea.
3. Apoie uma peneira fina em cima de uma tigela grande. Forre a peneira com um tecido fino de algodão ou um saco de voal próprio para leites vegetais.
4. Despeje lentamente o leite por cima do tecido ou do saco de voal, tomando cuidado para não encher demais o recipiente. Recomendo

que prepare o leite em pequenas porções, para evitar bagunça.
5. Pegue o saco ou tecido e aperte delicadamente. Continue espremendo até sentir que o líquido acabou.
6. Deite a polpa numa assadeira forrada com papel-manteiga (veja o capítulo "Como aproveitar a polpa de oleaginosas" na página 87).
7. Repita o processo até extrair o leite todo.
8. Devolva o leite ao liquidificador e adicione a baunilha e o outro adoçante de sua escolha (veja as observações a seguir). Bata a mistura rapidamente.
9. Sirva o leite imediatamente ou leve-o à geladeira para servir depois. Ele dura até 4 dias.

OBSERVAÇÕES

* Você pode usar o extrato de baunilha na mesma quantidade da semente de fava, mas o leite ficará com leve gosto alcoólico, já que a receita não vai ao fogo.
* Se quiser que o leite fique mais doce, bata-o com 1 ou 2 tâmaras (meu adoçante preferido) ou 2 colheres (chá) de melado ou xarope de bordo (maple syrup). A estévia é uma opção, mas deixa um gosto residual levemente amargo. Não recomendo. Se você está acostumado com esse adoçante, use de 2 a 3 gotas.

PREPARO: cerca de 15 minutos (sem incluir o tempo de demolha)

Leite de pistache e especiarias

ESTE LEITE DE pistache e especiarias é facílimo de preparar. Não há necessidade de coá-lo, e ele fica supercremoso, ideal para o cafezinho matinal. Para deixar a receita ainda melhor, juntei especiarias. Elas combinam muito bem com a cremosidade do leite. Você vai querer fazê-lo sempre. Minha recomendação é que compre pistache sem casca e sem sal; claro que você pode comprar pistache com casca, mas o trabalho de descascá-lo é demorado e irritante.

RENDIMENTO: 6 XÍCARAS (1,4 LITRO)

1 xícara (125 g) de pistache cru sem casca e sem sal deixado de molho à noite (veja página 29)
3½ xícaras (840 ml) de água
1 colher (chá) de canela em pó
¼ de colher (chá) de gengibre em pó
¼ de colher (chá) de noz-moscada ralada
2 tâmaras sem caroço

1. Escorra e enxágue o pistache.
2. Bata o pistache, a água, a canela, o gengibre e a noz-moscada no liquidificador (se o seu aparelho não for do tipo profissional, veja as observações da página 25). Se o seu aparelho tiver gradação de velocidade, comece na mais lenta e vá aumentando no período de 1 a 2 minutos. Caso o seu aparelho não tenha gradação de velocidade, bata a mistura de 1 a 2 minutos.
3. Apoie uma peneira fina em cima de uma tigela grande e coe o leite lentamente. Nesse leite não há muito o que coar. Eu nem uso tecido quando o preparo.
4. Devolva o leite ao liquidificador e adicione as tâmaras. Bata por 2 minutos até elas se misturarem bem ao leite.
5. Sirva o leite imediatamente ou leve-o à geladeira para servir depois. Ele dura de 3 a 4 dias.

PREPARO: cerca de 15 minutos (sem incluir o tempo de demolha)

LEITES VEGETAIS

Leite de semente de girassol

MESMO SABENDO QUE a semente de girassol não é uma oleaginosa, quis incluí-la no livro. Fiz isso pensando nas muitas pessoas com alergia a oleaginosas. Pode parecer inacreditável, mas dá, sim, para fazer leite com essas sementinhas. Dá para fazer manteiga de semente de girassol também. Veja a receita na página 85. O processo para fazer o leite de semente de girassol é bem simples e não difere tanto do processo do leite de oleaginosas.

RENDIMENTO: 3 XÍCARAS (720 ML)

1 xícara (140 g) de semente de girassol crua e sem sal deixada de molho à noite (veja a página 29)

4 xícaras (960 ml) de água

1. Escorra e enxágue a semente de girassol.
2. Leve ao liquidificador com 4 xícaras (960 ml) de água. Bata na velocidade alta de 1 a 2 minutos.
3. Apoie uma peneira fina por cima de uma tigela grande. Forre a peneira com um tecido fino de algodão.
4. Despeje lentamente o leite por cima do tecido, tomando cuidado para não encher demais o recipiente. Recomendo que prepare o leite em pequenas porções, para evitar bagunça.
5. Pegue o tecido e aperte delicadamente. Continue espremendo até sentir que o líquido acabou.

6. Deite a polpa numa assadeira forrada com papel-manteiga (veja o capítulo "Como aproveitar a polpa de oleaginosas" na página 87).
7. Repita o processo até extrair o leite todo.
8. Apoie um funil no bocal do recipiente do leite e despeje o líquido. Gosto de usar potes de vidro com capacidade de 960 ml. Para essa receita, é o tamanho perfeito.
9. Sirva o leite imediatamente ou leve-o à geladeira para servir depois. Ele dura de 3 a 4 dias.

OBSERVAÇÕES

* O leite de arroz tem uma consistência mais rala, se comparada à dos leites de oleaginosas. Nesse aspecto, o leite de semente de girassol se parece muito com o de arroz. Se quiser deixá-lo um pouco mais espesso, dissolva 2 colheres (chá) de araruta ou amido de milho ao leite depois de colocá-lo no pote para armazenamento e misture bem.
* Se quiser um leite mais adocicado, junte 1 colher (sopa) de melado ou de xarope de bordo (maple syrup). Junte o adoçante depois de coar a mistura. Devolva-a ao liquidificador e bata por mais 1 minuto para que fique bem homogêneo.

PREPARO: cerca de 20 minutos (sem incluir o tempo de demolha)

LEITES VEGETAIS

Leite de semente de girassol, página 46

Chocolate quente de leite de castanha de caju, página 50

Chocolate quente de leite de castanha de caju

NO INVERNO, QUANDO queremos aconchego, um leite morno é deliciosamente reconfortante. Comumente associados a bebidas ideais para o calor, os leites de oleaginosas também se prestam a excelentes preparações quentes. O leite de castanha de caju, supercremoso por si só, é a base perfeita para este chocolate quente. E o melhor? A receita é facílima. Junto um pouco de canela para dar um toque especial. A noz--moscada também cai bem. Se gostar de um sabor mais picante, junte uma pitada de pimenta-de-caiena. Faça a receita-bônus de chantili de coco na página a seguir e deixe seu chocolate quente ainda mais especial.

RENDIMENTO: 2 XÍCARAS (480 ML)

- 2 xícaras (480 ml) de leite de castanha de caju (veja receita de leite vegetal básico na página 33)
- ¼ de xícara (40 g) de gotas de chocolate amargo
- 3 colheres (sopa) de cacau em pó sem adição de açúcar
- ½ colher (chá) de canela em pó
- 2 colheres (sopa) de xarope de bordo (maple syrup), opcional

1. Junte todos os ingredientes numa panela e leve ao fogo médio. Se gostar de bebidas mais doces, junte o xarope de bordo. Pessoalmente, acho que não precisa.
2. Mexa sem parar até os ingredientes se misturarem e o chocolate derreter. Leva de 5 a 7 minutos. Sirva imediatamente.

Variações

* Com uma dose de café expresso, a bebida vira um mocha.
* Se tiver máquina que faça espuma de leite, faça espuma do seu leite vegetal para fazer um cappuccino caseiro.

PREPARO: cerca de 10 minutos, sem incluir o chantili de coco

RECEITA BÔNUS

Chantili de coco

Quer um chantili no seu chocolate quente? Saiba que dá para fazê-lo com a nata do leite de coco. Prepare o seu usando 400 g coco ralado seco e 2 xícaras de água quente. Bata tudo no liquidificador e passe pela peneira fina forrada com o tecido fino. Deve render cerca de 400 ml de leite de coco integral caseiro.

Misture 1 a 2 colheres (chá) de melado ou xarope de bordo (maple syrup). Deixe o leite de coco na geladeira de véspera. De manhã, provavelmente você verá que a nata se separou da água. Com essa nata, faz-se um chantili maravilhoso!

Com uma colher, retire a nata do leite de coco e coloque numa tigela. Congele a parte líquida do leite de coco que sobrar em forminhas de gelo e use em smoothies (veja página 131). Com o auxílio do batedor globo da batedeira, bata a nata até o ponto de chantili. Bata de 2 a 3 minutos em velocidade alta. Ele fica parecido com o chantili tradicional de creme de leite fresco. Recomendo que use o chantili de coco imediatamente, já que ele endurece na geladeira.

LEITES VEGETAIS

Chai latte com especiarias

SERVIDA QUENTE E com um toque de especiarias, esta é uma bebida relaxante, perfeita para fechar um dia cheio. Também fica deliciosa fria para ser tomada com café.

RENDIMENTO: 1 XÍCARA (240 ML)

- 1 xícara (240 ml) de leite vegetal de sua preferência (veja receita de leite vegetal básico na página 33)
- 1 colher (chá) de xarope de bordo (maple syrup)
- ½ colher (chá) de canela em pó
- ½ colher (chá) de semente de fava de baunilha (veja página 21)
- ¼ de colher (chá) de noz-moscada ralada

1. Bata todos os ingredientes no liquidificador de 1 a 2 minutos em velocidade alta até a mistura ficar homogênea.
2. Coloque a mistura numa panela pequena e leve ao fogo médio, mexendo de vez em quando até a bebida atingir a temperatura desejada. Fique de olho, pois esse leite transborda rápido.
3. Sirva o leite imediatamente, ou guarde-o na geladeira por até 4 dias para ser usado com café.

OBSERVAÇÃO

Recomendo que use leite de amêndoa ou de castanha-do-pará nessa receita. Ambos têm consistência cremosa, que combina muito bem com os sabores da bebida.

PREPARO: 5 a 7 minutos

Manteigas vegetais

Depois de descobrir como é fácil fazer manteigas com oleaginosas, você vai achar graça de não ter tentado antes. Também nunca mais vai comprar as versões industrializadas. O preparo não é demorado, e a manteiga caseira tem boa validade se for bem armazenada. Além disso, é bem mais saborosa que a comprada pronta. Na geladeira, ela pode durar meses. Na minha casa, no entanto, ela acaba bem antes. É possível produzir manteiga a partir de qualquer oleaginosa, cada tipo com sabor próprio e maravilhoso. Com as receitas a seguir, você verá que pode ir muito além da tradicional manteiga de amendoim.

Manteiga vegetal básica

O CONCEITO DA produção de uma manteiga vegetal é bem simples: bata as oleaginosas no liquidificador até que atinjam a cremosidade desejada. O processo é o mesmo para todas as oleaginosas. Recomendo que faça suas manteigas vegetais em porções pequenas. Assim, evita-se sobrecarregar o liquidificador e o processador de alimentos. Se preferir uma manteiga mais pedaçuda, como é o meu caso, use o processador de alimentos. Se quiser uma consistência mais lisa, use o liquidificador.

RENDIMENTO: ½ XÍCARA (125 G)

1 xícara (125 g) de oleaginosas (veja as observações na próxima página)

1. Moa as oleaginosas no processador de alimentos ou no liquidificador. Com o processador demora um pouco mais, mas nele não é preciso raspar tanto o copo. Além disso, é mais fácil de limpar. Ambos os aparelhos funcionam bem. Você só precisa decidir qual lhe atende melhor.

2. Bata as oleaginosas até a manteiga ficar lisa. Raspe as bordas do copo periodicamente. O tempo de preparo depende da oleaginosa usada. Com castanha-do-pará, macadâmia, amendoim, noz-pecã e noz comum a manteiga fica pronta em mais ou menos 5 minutos. Com amêndoa, avelã, pistache e semente de girassol, leva-se até 20 minutos. Para as oleaginosas que demoram mais, sugiro que você faça pausas a cada 5 minutos no uso do processador para evitar sobrecarga. Além disso, com a pausa, as oleaginosas conseguem liberar os óleos.

3. Transfira a manteiga para um pote hermeticamente fechado. Deixo minhas manteigas vegetais na bancada da cozinha. Elas têm validade de algumas semanas, mas geralmente são devoradas antes

disso! Se a ideia é que a manteiga dure mais que 2 semanas, recomendo que a guarde na geladeira, onde a validade é de até 4 meses. A temperatura baixa evita que os óleos fiquem rançosos.

OBSERVAÇÕES

* Faço minhas manteigas com oleaginosas cruas e sem sal. Você pode usar oleaginosas torradas (veja o modo de preparo na página 30), mas, nesse caso, adicione pelo menos 1½ colher (chá) de óleo vegetal de sabor neutro para garantir uma consistência lisa e cremosa.
* Use oleaginosas frescas. Com ingredientes velhos, a manteiga não ficará com consistência lisa.

Variações

Se quiser variar o sabor com óleo, sal marinho ou adoçantes, acrescente-os depois que a manteiga estiver pronta. Dessa forma você tem como saber como ficaram o gosto e a consistência da manteiga. Algumas sugestões: ½ colher (chá) de sal marinho; 1 colher (chá) de adoçante, por exemplo: xarope de bordo (maple syrup) ou melado; ou de ½ a 1 colher (sopa) de óleo (gosto de azeite e óleos de coco e de semente de uva).

PREPARO: 5 a 20 minutos, dependendo do tipo de oleaginosa usado

MANTEIGAS VEGETAIS

Manteiga de amendoim clássica

ESTA É A receita da manteiga de amendoim clássica. E tem jeito melhor de começar? Use o tipo de amendoim que preferir: cru, torrado, com ou sem sal. Todos dão ótimos resultados. Prefiro usar o amendoim tostado e sem sal para essa manteiga; assim ela fica com um delicioso sabor de torrado. De quebra, ainda consigo controlar a quantidade de sal. Se usar o amendoim torrado, adicione um pouco de óleo para que a manteiga mantenha a cremosidade durante o processo. Essa receita fica perfeita na granola de manteiga de amendoim (página 115) e nos donuts de manteiga de amendoim e gotas de chocolate (página 119).

RENDIMENTO: 1 XÍCARA (250 G)

- 2 xícaras (280 g) de amendoim torrado (veja página 30) ou cru
- ½ colher (chá) de sal marinho
- 1 a 2 colheres (sopa) de óleo de sabor leve (se usar amendoim torrado)

1. Moa o amendoim com o sal no processador ou liquidificador potente de 5 a 10 minutos até obter uma mistura cremosa. Se usar o liquidificador, sugiro que comece na velocidade mais baixa e vá aumentando aos poucos. É necessário interromper o processo várias vezes para raspar as bordas do copo.

2. Guarde a manteiga de amendoim num recipiente hermeticamente fechado. Em temperatura ambiente essa manteiga tem validade de até 2 semanas. Na geladeira, de até 4 meses.

PREPARO: 5 a 10 minutos

Manteiga de castanha de caju e melado com toque de sal

ESTA MANTEIGA DE castanha de caju tem um sabor cremoso e intenso. Na minha opinião, é uma das melhores manteigas vegetais. A combinação divina de doce com salgado fica maravilhosa nesta manteiga cremosíssima. Você vai sentir a tentação de comê-la direto do pote – acho que nem precisa de pão! Ela também fica ótima como recheio de trufas (página 159).

RENDIMENTO: ½ XÍCARA (160 G)

1 xícara (130 g) de castanha de caju crua
1 colher (sopa) de melado ou xarope de bordo (maple syrup)
½ colher (chá) de sal marinho (veja a observação abaixo)

1. Moa a castanha de caju no processador de alimentos ou no liquidificador potente de 5 a 10 minutos, interrompendo de vez em quando para raspar as bordas do copo. Comece na velocidade mais baixa e vá aumentando aos poucos.
2. Junte o melado e o sal e continue batendo até a mistura ficar lisa. O processo leva só mais alguns minutos.
3. Guarde a manteiga num pote hermeticamente fechado. Em temperatura ambiente essa manteiga tem validade de até 2 semanas. Na geladeira, de até 4 meses.

OBSERVAÇÃO

Se usar castanha de caju salgada, não use sal na receita.

PREPARO: 8 a 12 minutos

Manteiga cremosa de pistache

NÃO SEI COMO é na sua casa, mas na minha o saco de pistache não dura muito, não! E olha que descascar pistache é trabalhoso... A textura macia do pistache é incrível. Com um pouco de sal, vira um petisco muito prático! Batido no liquidificador, o pistache forma uma manteiga aveludada que pode ser usada em biscoitos, sorvetes (veja página 209), trufas (veja página 159) e outras delícias. Gosto muito de usar pistache nas trufas. O contraste do verde com o marrom do chocolate fica lindo, perfeito para as festas de fim de ano.

RENDIMENTO: ½ XÍCARA (140 G)

1 xícara (125 g) de pistache cru e sem sal
½ colher (chá) de sal marinho
1 colher (chá) de melado ou xarope de bordo (maple syrup)

1. Moa o pistache com o sal no processador ou liquidificador potente de 10 a 15 minutos. Durante o processo, raspe as bordas do copo várias vezes.
2. Quando a mistura estiver quase cremosa, junte o xarope de bordo e bata por mais 2 minutos.
3. Guarde a manteiga num pote hermeticamente fechado. Em temperatura ambiente essa manteiga tem validade de até 2 semanas. Na geladeira, de até 4 meses.

OBSERVAÇÃO

A manteiga de pistache também é ótima substituta para a manteiga de noz-pecã na receita de mingau prático de aveia com "caramelo" e noz-pecã (página 124). Delícia!

PREPARO: 10 a 15 minutos

Pasta de avelã e chocolate

A AVELÃ É uma das oleaginosas que eu mais gosto de usar na cozinha; deve ser por causa da minha mãe, que é alemã. Como vários doces e sobremesas alemães levam avelã, receitas como esta que ensino a seguir me transportam de volta para minha infância. Há várias maneiras de saborear esta pasta. Passe-a na torrada, no waffle, no crepe, na panqueca, ou junte 1 colher (sopa) na receita de mingau prático de aveia, "caramelo" e noz-pecã (página 124). Ela também fica ótima no muffin de banana com recheio de chocolate e avelã (página 113). Ao contrário da famosíssima pasta de avelã e chocolate industrializada, minha receita não leva soja nem açúcar processado. Quando você prová-la, duvido que volte para a industrializada.

RENDIMENTO: 1½ XÍCARA (360 G)

- 2 xícaras (240 g) de avelã crua sem sal
- 1 xícara (240 ml) de leite de amêndoa (veja receita de leite vegetal básico na página 33)
- ⅓ de xícara (40 g) de cacau em pó sem adição de açúcar
- 3 colheres (sopa) de xarope de bordo (maple syrup) ou melado
- 2 colheres (chá) de semente de fava de baunilha (veja página 21)

1. Você pode retirar ou não a pele da avelã; eu já fiz das duas maneiras. Para retirar a pele das avelãs, leve-as ao forno (veja o preparo na página 30).

2. Espere que esfriem totalmente antes de tentar retirar a pele; caso contrário, há risco de queimar as mãos. Geralmente elas levam 5 minutos para esfriar. Quando esfriarem, esfregue-as nas mãos para soltar a pele.

3. Moa as avelãs no liquidificador até obter uma pasta de consistência grossa; esse processo leva mais ou menos 1 minuto. Para obter uma pasta de textura lisa, recomendo fortemente o uso de um liquidificador potente. Dá para fazer essa

pasta usando o processador de alimentos, mas a avelã deve ser moída por mais 2 minutos, e é possível que o resultado não fique tão liso. Também fica divino, mas com uma textura diferente. Já testei essa receita usando tanto o liquidificador quanto o processador de alimentos. Considero a pasta feita no liquidificador a mais parecida com a versão industrializada.

4. Junte o leite de amêndoa, o cacau em pó, o xarope de bordo e a baunilha. Bata por 2 minutos, até obter uma pasta lisa.

5. Como a pasta contém leite de amêndoa, guarde-a na geladeira. Sob refrigeração, ela dura de 7 a 10 dias.

OBSERVAÇÃO

Pode substituir a semente de fava de baunilha por 1 colher (chá) de extrato de baunilha, mas como a receita não vai ao fogo, o resultado final fica com leve sabor alcoólico.

PREPARO: 5 a 7 minutos (demora um pouco mais se tirar a pele a avelã)

Pasta de avelã e chocolate, página 64

Pasta de amendoim e chocolate, página 68

Pasta de amendoim e chocolate

DESDE O INÍCIO de sua convivência, o chocolate e a manteiga de amendoim sempre se entenderam bem. Várias sobremesas famosas têm como base essa combinação incrível, seja aquela musse maravilhosa dos restaurantes caros, seja a barrinha de chocolate comprada na gôndola do supermercado. A combinação é perfeita, aliando o sabor salgadinho do amendoim à doçura e maciez do chocolate. Eu tinha que incluir esta receita no livro. Esta pasta fica ótima em torradas, waffles e sorvete. Também é excelente pura, comida na colher mesmo!

RENDIMENTO: 1 XÍCARA (300 G)

- 1½ xícara (210 g) de amendoim cru (veja as observações na próxima página)
- 1 xícara (160 g) de gotas de chocolate amargo
- 1¾ de xícara (420 ml) de leite de amêndoa (veja a receita de leite vegetal básico na página 33)
- 2 colheres (sopa) de xarope de bordo (maple syrup) ou melado

1. Moa o amendoim no processador ou liquidificador potente por 1 a 2 minutos, até obter uma consistência grossa.
2. Junte as gotas de chocolate e continue batendo o amendoim no modo pulsar por mais alguns minutos, até misturar.
3. Junte o leite de amêndoa e o xarope de bordo e bata por mais 3 minutos, ou até a pasta ficar na consistência desejada.
4. Guarde a pasta num pote de vidro. Como a receita contém leite de amêndoa, deve ser mantida na geladeira, onde deve durar até 2 semanas.

OBSERVAÇÕES

* Para esta pasta, pode-se usar amendoim com ou sem sal; eu prefiro a segunda opção. Se usar amendoim sem sal, mas quiser um toque salgado, sugiro que junte ½ colher (chá) de sal marinho. Adicione-o junto com o leite de amêndoa e o xarope de bordo.
* Guardo a pasta em potes de vidro (340 ml) com bocal largo, tamanho perfeito para acomodar a quantidade dessa receita.
* A pasta endurece na geladeira. Antes de usá-la, deixe-a em temperatura ambiente por mais ou menos 30 minutos, ou aqueça-a no micro-ondas em potência média por 1 minuto.

PREPARO: 5 a 7 minutos

Manteiga de amêndoa, xarope de bordo e baunilha

EU CRESCI NO nordeste dos Estados Unidos e posso garantir que tudo com bordo é maravilhoso: da manteiga até o xarope. Esse adoçante natural deixa tudo mais gostoso e combina perfeitamente com a baunilha, que se destaca nesta deliciosa pasta. A semente de fava de baunilha deixa as receitas mais adocicadas. Assim, é excelente para ajudar a cortar o açúcar sem abrir mão do sabor. Eu garanto: você vai ficar viciado nessa combinação clássica.

RENDIMENTO: ½ XÍCARA (175 G)

1 xícara (125 g) de amêndoa crua e sem sal
2 colheres (sopa) de xarope de bordo (maple syrup)
1 colher (chá) de semente de fava de baunilha (veja página 21)
½ colher (chá) de sal marinho

1. Moa a amêndoa no processador de alimentos ou no liquidificador (veja as observações a seguir). Faça pausas aos poucos para dar tempo de a amêndoa liberar seus óleos.
2. Depois de 10 a 15 minutos, quando a amêndoa estiver úmida, junte os demais ingredientes e bata até formar uma pasta lisa.
3. Guarde a manteiga num pote hermeticamente fechado. Em temperatura ambiente essa manteiga tem validade de até 2 semanas. Na geladeira, de até 4 meses.

OBSERVAÇÕES

* Você pode usar o extrato de baunilha para substituir a semente de fava, mas use metade da quantidade, ½ colher (chá). Observe que o leite ficará com leve gosto alcoólico, já que a receita não vai ao fogo.
* O tempo de preparo da manteiga de amêndoa varia, pois depende do tipo de equipamento usado. Em geral, leva-se de 15 a 25 minutos. Com um liquidificador potente o processo é mais rápido do que com o

continua

processador de alimentos. Ambos têm seus prós e contras. Embora com o processador demore mais, a limpeza é bem mais fácil, e não é necessário raspar as laterais tantas vezes. Com o liquidificador o processo vai mais rápido, mas é preciso raspar as laterais do copo com mais frequência, e a limpeza é mais complicada. De qualquer forma, vale a pena investir tempo e esforço nessa receita.

PREPARO: 15 a 25 minutos

RECEITA BÔNUS

Donuts e sanduíches de maçã

Uma maneira divertida de servir a manteiga de amêndoa com bordo e baunilha é usá-la em donuts e sanduíches de maçã. Gosto de fazer esse lanchinho simples e saudável para as minhas filhas. Elas adoram! Se o seu filho tiver alergia a oleaginosas ou frequentar uma escola que não aceite esses ingredientes na merenda, use a manteiga de semente de girassol (página 85) para substituir a de amêndoa. Veja como preparar:

- Pegue uma maçã e corte-a em rodelas finas. Se os seus filhos forem muito pequenos, descasque a maçã antes de cortar. Uma maçã rende 6 rodelas com o miolo. Use um cortador de biscoito redondo pequeno ou uma faca para retirar o miolo.
- Para fazer os donuts, passe a manteiga vegetal em cada rodela e peça que as crianças escolham a cobertura. Gostamos de usar coco ralado sem adição de açúcar, semente de girassol crua, frutas secas, oleaginosas picadinhas e nibs de cacau.
- Se quiser fazer sanduíche de maçã, basta passar a manteiga vegetal em cada rodela e montar um sanduíche usando as duas rodelas. É uma excelente opção de merenda para a escola. Para evitar que a maçã escureça dentro da merendeira, pingue gotas de limão em cada rodelinha.

Donuts de maçã

Manteiga de noz-pecã e canela

A NOZ-PECÃ, CUJA doçura natural eu adoro, produz uma excelente manteiga vegetal. Às vezes uso esta manteiga como base para minha receita de trufa (veja página 159), que é uma delícia sem adição de açúcar. Com um toque de canela, então, ela fica absolutamente divina. Tenho certeza de que vai ter sempre na sua casa. Na minha não falta! Experimente usá-la para substituir a pasta de avelã e chocolate na minha receita de muffin de banana (página 113).

RENDIMENTO: ½ XÍCARA (160 G)

1½ xícara (150 g) de noz-pecã crua e sem sal
1 colher (chá) de canela em pó
½ colher (chá) de sal marinho

1. Misture os ingredientes no processador de alimentos ou no liquidificador. Bata-os em velocidade alta até atingir a consistência desejada. Se usar o liquidificador, o processo deve levar apenas 2 minutos; com o processador, de 5 a 7 minutos.
2. Guarde a manteiga num pote hermeticamente fechado. Em temperatura ambiente esta manteiga tem validade de até duas semanas. Na geladeira, de até 4 meses.

OBSERVAÇÃO

Se quiser usar algum adoçante, adicione-o quando a manteiga estiver quase pronta. Recomendo 1 colher (chá) de xarope de bordo (maple syrup) ou 1 colher (chá) de melado.

PREPARO: 5 a 10 minutos

MANTEIGAS VEGETAIS

Pasta de macadâmia, bordo e canela

ESTA MANTEIGA COM especiarias é ótima para os dias de frio. Doce e amanteigada, com toques de canela e noz-moscada, fica deliciosa com frutas e biscoitos. Também é excelente para passar na torrada em vez de manteiga ou geleia.

RENDIMENTO: 1 ¼ DE XÍCARA (330 G)

- 2 xícaras (280 g) de macadâmia crua e sem sal
- 2 colheres (sopa) de xarope de bordo (maple syrup)
- 1 colher (chá) de canela em pó
- 1 colher (chá) de sal marinho
- ¼ de colher (chá) de noz-moscada ralada

1. Moa a macadâmia no processador ou liquidificador potente por 1 a 2 minutos.
2. Junte os ingredientes restantes e continue batendo até a manteiga ficar lisa. O processo deve levar menos de 5 minutos. Raspe as laterais do liquidificador quando sentir necessidade.
3. Guarde a manteiga num pote hermeticamente fechado. Em temperatura ambiente essa manteiga tem validade de até duas semanas. Na geladeira, de até 4 meses.

OBSERVAÇÕES

* Essa pasta fica melhor ainda morna. Quando vou servi-la, aqueço-a deixando o pote numa vasilha

com água quente. Outra opção é esquentá-la de leve no aparelho de micro-ondas, em potência média, por até 20 segundos.

* Descobri que um pote de vidro de 120 ml acomoda perfeitamente a quantidade dessa receita.

Variação

Maçã combina muito bem com oleaginosas. Então, para dar um toque especial à receita, junte ¼ de xícara (60 ml) de purê de maçã sem adição de açúcar (veja página 18). A combinação fica ótima na torrada e no iogurte natural.

PREPARO: 7 a 10 minutos

Pasta de macadâmia, bordo e canela, página 76

Pasta pedaçuda de banana e nozes, página 80

Pasta pedaçuda de banana e nozes

ESTA NÃO É uma manteiga qualquer, não! É uma delícia. O sabor intenso da manteiga de nozes, aliado à doçura da banana madura, deixa essa pastinha supergostosa. Minha sugestão é servi-la com panqueca ou waffles; prometo que você vai adorar.

RENDIMENTO: 1 XÍCARA (330 G)

- 2 xícaras (200 g) de nozes cruas e sem sal + um punhado extra para um toque crocante
- 1 banana grande e bem madura
- 1 a 1½ colher (chá) de canela

1. Moa as nozes no processador ou liquidificador potente por 1 a 2 minutos, até começar a formar uma massa.
2. Junte a banana e a canela. Bata mais 2 minutos, até a mistura ficar lisa. Junte o punhado de nozes extras picadas para dar um toque crocante. Se quiser uma pasta lisa, não as use.
3. Guarde a manteiga num pote hermeticamente fechado. Na geladeira, essa manteiga tem validade de até 1 semana.

OBSERVAÇÃO

Como essa manteiga endurece um pouco na geladeira, deixe-a em temperatura ambiente 30 minutos antes de usá-la. Você também pode colocar o pote numa vasilha com água quente para amolecer a pasta.

PREPARO: cerca de 5 minutos

Fudge congelado de banana e nozes

Dá para fazer um fudge congelado maravilhoso usando os ingredientes básicos dessa receita. Junte 2 xícaras (200 g) de nozes, 1 banana amassada e 1 colher (sopa) de xarope de bordo (maple syrup) ou melado e bata tudo no processador de alimentos ou liquidificador (na velocidade máxima). Passe a mistura para forminhas de papel dentro de uma fôrma para muffins e leve-a ao freezer. Depois de mais ou menos 4 horas, você terá uma deliciosa sobremesa com pouquíssimo açúcar. A receita rende de 10 a 12 unidades de fudge, dependendo do tamanho que você cortar.

Manteiga de castanha-do-pará com "caramelo" salgado

A MANTEIGA DE castanha-do-pará é uma das de preparo mais rápido. Se o seu liquidificador for do tipo profissional, o processo deve durar mais ou menos 2 minutos. A combinação dos sabores doce e salgado desta receita é altamente viciante. A tâmara proporciona o gosto e a textura de caramelo de forma mais saudável que o açúcar, e o sal marinho realça todos os sabores. A manteiga fica ótima em torradas ou comida pura, na colher. Um uso criativo e divertido para ela é servindo-a derretida sobre o sorvete.

RENDIMENTO: 1 ½ XÍCARA (360 G)

2½ xícaras (360 g) de castanha-do-pará crua e sem sal

5 tâmaras sem caroço

1½ colher (chá) de sal marinho

1. Moa a castanha-do-pará por 2 a 4 minutos no processador ou liquidificador potente (velocidade alta).
2. Junte as tâmaras e o sal e continue batendo por mais 1 ou 2 minutos, até a mistura ficar lisa.
3. Guarde a manteiga num pote hermeticamente fechado. Em temperatura ambiente essa manteiga tem validade de até uma semana. Na geladeira, de até 3 semanas.

OBSERVAÇÃO

Essa manteiga endurece um pouco na geladeira. Para amolecê-la, coloque o pote numa vasilha com água bem quente por 2 minutos. Pode também amolecê-la um pouco no micro-ondas em potência média por 30 segundos.

PREPARO: 5 a 7 minutos

Manteiga de semente de girassol

TECNICAMENTE, A SEMENTE de girassol não é uma oleaginosa. Mesmo sabendo disso, quis incluí-la no livro, pensando nas muitas pessoas com alergia a oleaginosas. A semente de girassol produz uma boa pasta. Se você tem alergia a oleaginosas ou convive com alguém alérgico, a semente de girassol é ótima alternativa. Esta manteiga é de preparo facílimo, embora exija uma dose de paciência.

RENDIMENTO: 1 XÍCARA (300 G)

2 xícaras (280 g) de semente de girassol crua e sem sal
2 colheres (sopa) de azeite
½ colher (chá) de sal marinho

1. Moa a semente de girassol por 2 a 3 minutos no processador ou liquidificador potente (na velocidade alta). Pare um pouco para dar tempo de as sementes soltarem seus óleos naturais.

2. Volte a bater as sementes, sem parar de raspar as laterais. Faça pausas aos poucos para não sobrecarregar o aparelho e para as sementes liberarem seus óleos.

3. Depois de mais ou menos 10 minutos, a mistura começa a formar uma massa úmida. Junte o azeite e o sal. Continue batendo até a mistura virar uma pasta. O pre-

contínua

paro da manteiga de semente de girassol é bem mais demorado que o das manteigas de oleaginosas, levando de 20 a 25 minutos.

4. Guarde a manteiga num pote hermeticamente fechado. Em temperatura ambiente essa manteiga tem validade de 2 a 3 semanas.

OBSERVAÇÃO

Se o seu liquidificador for do tipo potente, o processo é bem mais rápido, embora talvez seja necessário raspar as laterais mais vezes.

PREPARO: cerca de 25 minutos

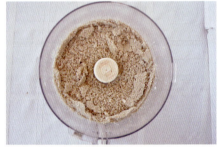

Como aproveitar a polpa de oleaginosas

Depois de fazer leite vegetal, você vai ter sobras de polpa. O lado bom? Essa polpa pode ser aproveitada de várias maneiras. O lado ruim? Não tem! Assim como as farinhas de oleaginosas, a polpa é muito usada em receitas sem glúten. Ela pode ser usada em receitas para substituir farinhas de oleaginosas; em smoothies ou mingaus de aveia para incrementar o teor de proteínas e fibras; em barrinhas energéticas ou petiscos crudívoros no lugar de farinhas de oleaginosas; ou salpicada por cima do purê de maçã ou do iogurte para dar um toque crocante. Use a criatividade! Incluí algumas receitas no livro que mostram a versatilidade da polpa das oleaginosas.

Polpa vegetal básica

NADA QUE SOBRE da produção de leite vegetal merece parar no lixo nem na composteira. É um ingrediente muito versátil! Veja abaixo minha receita para fazer a polpa de oleaginosa. Como a polpa fica bem úmida depois do processo de produção do leite, é preciso desidratá-la. Isso pode ser feito no forno ou no desidratador de alimentos (veja a observação na próxima página). Normalmente uso o forno por ele ser mais rápido.

1. Preaqueça o forno a 110 °C. Espalhe a polpa numa assadeira coberta de papel-manteiga.
2. Leve-a ao forno por mais ou menos 2 horas, até a polpa perder toda a umidade. Retire-a do forno a cada 30 minutos e, com o auxílio de um garfo, esfarele-a lentamente para deixá-la solta. Essa medida ajuda a polpa a desidratar mais rápido. Se a polpa não estiver completamente seca ao final das 2 horas, deixe-a no forno um pouco mais, verificando sempre.
3. A polpa desidratada ainda vai estar um pouco empelotada. Para que ela fique bem soltinha, deixe-a esfriar na assadeira antes de batê-la no processador até formar um pó fino.

4. Use o funil para passar a polpa seca para um pote de vidro. Na geladeira a validade é de 3 a 4 dias. No freezer, de até 2 meses.

OBSERVAÇÃO

Se usar o desidratador, ligue-o a 57 °C e deixe a polpa de 4 a 6 horas. Verifique de hora em hora para soltar os grumos que se formam.

PREPARO E TEMPO DE FORNO:
2 a 3 horas

Panqueca de banana e manteiga de amendoim (sem cereais)

O PREPARO DE receitas sem o uso de cereais tem muitos benefícios. Um deles é a ausência do glúten. Embora nem todos tenham alergia ao glúten, é cada vez maior o número de pessoas que o evitam. Sem os cereais, esta receita passa a ser uma opção *low-carb*, ou seja: perfeita para os diabéticos e adeptos da dieta paleolítica. Sua textura não fica como a da panqueca tradicional, ou seja, não se assuste se o resultado ficar diferente.

RENDIMENTO: 10 PANQUECAS DE 10 CM

- 3 colheres (sopa) de farinha de linhaça
- ½ xícara (120 ml) de água morna
- 1 xícara (250 g) de manteiga de amendoim clássica (página 59)
- 2 bananas maduras grandes
- ¾ de xícara (180 ml) de leite de amêndoa (veja a receita de leite vegetal básico na página 33)
- ¼ de xícara (60 ml) de xarope de bordo (maple syrup) ou melado
- 1 colher (chá) de extrato de baunilha
- 1 xícara (112 g) de farinha de coco
- ½ xícara (50 g) de polpa de amêndoa ou farinha de amêndoa (veja página 88)
- 2 colheres (chá) de fermento químico em pó
- ½ colher (chá) de sal marinho
- 2 a 3 colheres (sopa) de óleo de coco para untar (veja página 20)

1. Misture a linhaça com a água numa tigelinha. Leve à geladeira por um minuto para firmar. A mistura fica viscosa como ovo.

2. Misture a manteiga de amendoim, a banana, o leite de amêndoa, o xarope de bordo (maple syrup) e a baunilha numa panela pequena. Leve ao fogo médio e mexa até a mistura ficar homogênea, processo que leva de 2 a 3 minutos. Retire a panela do fogo e reserve-a para que esfrie um pouco.

3. Enquanto a mistura de manteiga de amendoim e banana esfria, misture numa tigela grande a fari-

continua

nha de coco, a polpa de amêndoa, o fermento e o sal.

4. Depois que a mistura da panela tiver amornado, junte-a aos ingredientes secos e misture bem com o auxílio da batedeira de mão ou fixa (ambas funcionam bem).
5. Junte a mistura de água e linhaça e bata até os ingredientes ficarem homogêneos. A massa fica bem mais grossa que a de panqueca tradicional.
6. Coloque o óleo de coco numa frigideira grande. Leve ao fogo médio. Com o auxílio de um medidor de ½ xícara (120 ml), retire porções da massa. Como já comentei anteriormente, a massa fica grossa. Use uma espátula para espalhá-la na frigideira. Uma dica: molhe um pouco a espátula com água para facilitar na hora de espalhar as panquecas. Ao contrário da receita tradicional, para verificar se já é hora de virar essas panquecas, é preciso olhar o fundo. Verifico o fundo das panquecas a cada 1 ou 2 minutos. Com o auxílio da espátula, levanto as beiras para ver se já douraram por baixo.
7. Repita esse processo até a massa acabar. Como têm xarope de bordo, essas panquecas são doces o suficiente para serem consumidas puras.

OBSERVAÇÃO

Guarde as sobras de panqueca num pote hermeticamente fechado na geladeira ou freezer. Coloque papel-manteiga entre cada panqueca. Assim você evita que elas grudem. Na geladeira, elas duram 1 semana. Congeladas, têm validade de vários meses. Para esquentar as panquecas congeladas, primeiro deixe-as descongelarem em temperatura ambiente. Depois, reaqueça-as no forno a 180 °C por 5 minutos ou no micro-ondas por 20 segundos.

Variação

Há várias maneiras de deixar essa receita ainda melhor. Uma opção é juntar ½ xícara (60 g) de morango cortado ou ¼ de xícara (40 g) de gotas de chocolate à massa pouco antes de fritar as panquecas. Outra variação legal é regá-las com calda de chocolate quente (veja a receita-bônus na próxima página).

PREPARO: cerca de 30 minutos

Calda de chocolate

Precisando de uma boa receita de calda de chocolate? Deixe comigo. Misture ¼ de xícara (60 ml) de óleo de coco derretido, ¼ de xícara (30 g) de cacau em pó sem adição de açúcar e de 2 a 3 colheres (sopa) de xarope de bordo (maple syrup). O cacau mascara o sabor do coco. Então, se você não é muito chegado a coco, prove essa calda que vale a pena! Como o óleo de coco se solidifica depois de um certo tempo em temperatura ambiente, sirva a calda imediatamente, enquanto ainda está quente.

Bolinhas energéticas (sem cereais)

ESTAS BOLINHAS ENERGÉTICAS, que não vão ao forno, são uma ótima forma de aproveitar as polpas de avelã e de amêndoa. Com bom teor de proteínas, gorduras e açúcar, são ótimas opções de lanche antes ou depois do treino. Meu marido as leva para o trabalho como opção de lanche para o meio da tarde. Elas também são boas para levar em trilhas e caminhadas. Para isso, no entanto, recomendo que você as congele antes para evitar que fiquem muito moles durante o trajeto.

RENDIMENTO: 15 BOLINHAS DE 4 CM

- 1½ xícara (150 g) de polpa de avelã ou amêndoa (veja página 88)
- ⅓ de xícara (90 g) de coco ralado sem adição de açúcar
- 10 a 12 tâmaras sem caroço
- 3 a 4 colheres (sopa) de água

1. Leve todos os ingredientes ao processador de alimentos e bata por 2 a 3 minutos, até formar uma massa. Se achar que a massa ficou seca, junte mais água. Caso use o liquidificador, recomendo que deixe as tâmaras de molho em água por 30 minutos. Assim elas amolecem e ficam mais fáceis de bater no liquidificador.
2. Enrole a massa em bolinhas e arrume-as num prato forrado com papel-manteiga. Leve-as à geladeira para firmarem.
3. Guarde as bolinhas em pote hermeticamente fechado. Na geladeira sua validade é de até 2 semanas. No freezer, de até 6 meses.

OBSERVAÇÕES

* Caso queira adoçar estas bolinhas, use adoçante líquido; recomendo 2 colheres (sopa) de xarope de bordo (maple syrup) ou melado.
* Caso não tenha polpa de leite vegetal, faça as bolinhas com farinha de amêndoa.

PREPARO E GELADEIRA: 5 a 10 minutos (sem incluir o tempo de demolha das tâmaras, caso use o liquidificador) + 1 hora na geladeira

Bolinhas proteicas

ESTAS BOLINHAS PROTEICAS são perfeitas para uma dose extra de energia. Além disso, não vão ao fogo e são uma ótima forma de aproveitar a polpa de amêndoa ou avelã. A mistura de chia, linhaça e manteiga de amêndoa garantem o alto teor de proteínas e fibras. Como se não bastasse, essas bolinhas também são deliciosas. Quem prova fica viciado.

RENDIMENTO: 12 BOLINHAS DE 4 CM

1 xícara (150 g) de polpa de avelã ou amêndoa (veja página 88)

⅓ de xícara (85 g) de manteiga de amêndoa (veja a receita de manteiga vegetal básica na página 56)

3 colheres (sopa) de xarope de bordo (maple syrup)

2 colheres (sopa) de óleo de coco (veja página 20)

2 colheres (sopa) de chia

2 colheres (sopa) de linhaça

1. Leve todos os ingredientes ao processador de alimentos e bata por 5 minutos, até formar uma massa.
2. Enrole a massa em bolinhas. A massa fica com pouca liga na hora de enrolar, mas firma bem depois de ir à geladeira.
3. Leve-as à geladeira por 1 hora, até firmarem.
4. Guarde as bolinhas em pote hermeticamente fechado. Na geladeira sua validade é de até 2 semanas; no freezer, de até 3 meses.

Variação

Se quiser um toque crocante e uma dose natural de cafeína, passe as bolinhas enroladas em ¼ de xícara (30 g) de nibs de cacau antes de levá-las à geladeira. Se quiser o mesmo sabor, mas não tão forte, junte os nibs à massa.

PREPARO E GELADEIRA: cerca de 10 minutos + 1 hora na geladeira

Cookies de melado e amêndoa

SE TEM UMA coisa que eu adoro é condensar o café da manhã num cookie. Minhas filhas, como qualquer criança, às vezes são bem enjoadas para comer, mas topam tudo se for na forma de cookie. Com esta receita, introduzo cereais integrais na dieta delas sem que percebam. Esses cookies têm alto teor de fibras e proteínas e ajudam a manter a saciedade. Mas essa receita não é apenas para as crianças, não! Os adultos também adoram. Meu marido leva para o trabalho para comer com o café no meio da manhã.

RENDIMENTO: 15 COOKIES DE 4 CM

1 colher (sopa) de farinha de linhaça
3 colheres (sopa) de água morna
1½ xícara (150 g) de aveia em flocos grossos sem glúten
1 xícara (100 g) de polpa ou farinha de amêndoa (veja página 88)
⅓ de xícara (60 g) de amêndoa crua picada
½ colher (chá) de fermento químico em pó
½ colher (chá) de sal marinho
⅓ de xícara (85 g) de manteiga de amendoim clássica (página 59)
½ xícara (120 ml) de purê de maçã sem adição de açúcar (veja página 18)
⅓ de xícara (80 ml) de melado ou xarope de bordo (maple syrup)
3 colheres (sopa) de leite de amêndoa (veja a receita de leite vegetal básico na página 33)
1 colher (chá) de extrato de baunilha

1. Preaqueça o forno a 180 °C.
2. Misture a linhaça com a água numa tigelinha. Leve à geladeira por 1 minuto para firmar. A mistura fica viscosa como ovo.
3. Numa tigela grande, misture a aveia, a polpa de amêndoa, a amêndoa picada, o fermento e o sal. Reserve.
4. Misture a manteiga de amendoim, o purê de maçã, o melado, o leite de amêndoa e a baunilha numa panela. Leve ao fogo médio e mexa até a mistura ficar homogênea, processo que leva de 2 a 3 minutos.

continua

5. Junte a mistura de amendoim aos ingredientes secos e misture bem com o auxílio da batedeira fixa ou de mão (ambas funcionam bem), por mais ou menos 2 minutos.
6. Junte a água com linhaça e misture mais 1 minuto.
7. Molde a massa em bolinhas levemente achatadas. Coloque-as na assadeira forrada de papel de assar dando uma distância de 2,5 cm entre os cookies.
8. Asse os cookies por 15 a 17 minutos, até dourarem nas bordas. Espere esfriarem completamente antes de retirá-los da assadeira.
9. Guarde os cookies em pote hermeticamente fechado na geladeira. Sob refrigeração, a validade é de até 3 semanas. No freezer, de até 3 meses.

OBSERVAÇÃO

Quem tem alergia a amendoim pode substituir a manteiga de amendoim pela de amêndoa. Se tiver alergia a oleaginosas em geral, substitua a amêndoa picada por sementes de girassol, o leite de amêndoa por leite de semente de girassol (página 46) e a manteiga de amendoim por manteiga de semente de girassol (página 85). Os cookies ficam igualmente deliciosos.

PREPARO E FORNO:
25 a 30 minutos

Granola de amêndoa, bordo e baunilha

A SEMENTE DE fava de baunilha é a estrela desta granola caseira, com participação especial da polpa de amêndoa. Às vezes eu como essa granola direto da assadeira mesmo. E ela também fica ótima com leite de amêndoa (veja a receita de leite vegetal básico na página 33) ou com iogurte. Na minha casa ela não costuma durar nem um dia. De provinha em provinha, ela acaba antes mesmo de esfriar completamente.

RENDIMENTO: 4 XÍCARAS (480 G)

- 3 xícaras (300 g) de aveia em flocos grossos sem glúten
- ⅔ de xícara (65 g) de polpa ou farinha de amêndoa (veja página 88)
- ½ xícara (35 g) de amêndoa picada
- 2 colheres (chá) de semente de fava de baunilha (veja página 21)
- ½ colher (chá) de sal marinho
- ½ xícara (120 ml) de purê de maçã sem adição de açúcar (veja página 18)
- ½ xícara (120 ml) de xarope de bordo (maple syrup) ou melado

1. Preaqueça o forno a 180 °C.
2. Numa tigela grande, misture a aveia, a polpa de amêndoa, a amêndoa picada, a baunilha e o sal. Em outra tigela menor, misture o purê de maçã e o xarope de bordo (maple syrup).
3. Junte os ingredientes molhados aos secos lentamente, misturando por 1 a 2 minutos até ficarem homogêneos. Uso a espátula de silicone quando misturo à mão.
4. Espalhe a mistura uniformemente numa assadeira forrada de papel de assar. Leve ao forno por 15 a 20 minutos.

continua

5. Retire a assadeira do forno, dê uma sacudida e devolva ao forno por mais 15 a 20 minutos, até a granola dourar.
6. Guarde a granola em pote hermeticamente fechado em temperatura ambiente por até 1 semana, na geladeira por até 3 semanas, e no freezer por até 3 meses.

OBSERVAÇÕES

* Se você prefere uma granola mais crocante, reduza a temperatura do forno para 100 °C e deixe um pouco mais, verificando a cada 5 minutos. Mas fique de olho, pois ela queima fácil.
* Se não achar o xarope de bordo (maple syrup), o melado também funciona bem, embora mude um pouco o sabor.

PREPARO E FORNO: cerca de 45 minutos

Granola de amêndoa, bordo e baunilha

Café da manhã

Se me perguntarem qual é a minha refeição preferida, respondo no ato: café da manhã. Depois de uma noite inteira de jejum, para mim não há nada melhor que uma tigela de aveia junto com o cafezinho matinal. Mas por que se limitar ao mingau de aveia? Existem muitas formas de incorporar os leites e manteigas vegetais à sua rotina matinal. As opções a seguir vão manter você saciado até o almoço.

Muffins de geleia e manteiga de amêndoa

NA MINHA CASA fazemos sempre muffins recheados, sucesso garantido com as crianças (e com os adultos!). Minha filha de 4 anos os chama de "muffins com surpresa". Encontrar a geleia dentro destes muffins é daquelas coisas que fazem qualquer adulto voltar à infância. Eles são uma ótima opção para festinhas no trabalho. Garanto que não vão durar muito tempo na bandeja!

RENDIMENTO: 12 MUFFINS

- 2 colheres (sopa) de farinha de linhaça
- ¼ de xícara + 2 colheres (sopa) de água
- 2 xícaras (180 g) de farinha de aveia sem glúten (veja página 22)
- 1 colher (chá) de fermento químico em pó
- 1 colher (chá) de bicarbonato de sódio
- ½ colher (chá) de sal marinho
- ½ xícara (120 g) de manteiga de amêndoa (veja a receita de manteiga vegetal básica na página 56)
- ⅓ de xícara (80 ml) de xarope de bordo (maple syrup) ou melado
- ¼ de xícara (60 ml) de leite de amêndoa (veja a receita de leite vegetal básico na página 33)
- 1 colher (chá) de extrato de baunilha
- ½ xícara (170 g) da geleia de sua preferência (veja a receita-bônus na próxima página)

1. Preaqueça o forno a 180 °C.
2. Misture a linhaça com a água numa tigelinha. Leve à geladeira por 1 minuto para firmar. A mistura fica viscosa como ovo.
3. Numa tigela grande, misture a farinha de aveia, o fermento, o bicarbonato e o sal. Reserve.
4. Misture a manteiga de amêndoa, o xarope de bordo, o leite de amêndoa e a baunilha numa panela e leve ao fogo médio. Com o auxílio de uma espátula de silicone, mexa por 2 minutos, até a mistura ficar lisa.
5. Junte a mistura de manteiga de amêndoa e a de linhaça aos ingredientes secos e misture bem com o auxílio da batedeira fixa ou de

continua

mão (ambas funcionam bem), por mais ou menos 1 minuto.

6. Com o auxílio de uma colher, passe pequenas porções de massa para os espaços de uma fôrma de muffins untados ou cobertos com forminhas de papel. Preencha-os com até 6 cm de altura. Como a massa fica bem grossa por causa da manteiga de amêndoa, recomendo umedecer a colher ou espátula para evitar que grude. Depois de colocar a massa nos espaços da fôrma de muffin, faça uma pequena cavidade no meio de cada espaço preenchido com a massa. É nessa cavidade que a geleia vai ficar. Cuidado para não fazer a cavidade muito funda, senão a geleia pode vazar pela base do muffin.

7. Coloque uma pequena quantidade de geleia em cada cavidade.

8. Cubra com um pouco mais de massa até preencher ¾ do espaço.

9. Asse os muffins por 10 a 12 minutos. Para saber se já assaram, enfie um palito no meio. Se sair limpo, é porque estão prontos. Espere esfriarem totalmente antes de retirá-los da fôrma.

10. Guarde os muffins em pote hermeticamente fechado na geladeira. Sob refrigeração, a validade é de até 2 semanas. No freezer, de até 6 meses.

OBSERVAÇÃO

Quem não tem restrições ao consumo de glúten pode usar farinha de trigo integral ou de espelta.

PREPARO E FORNO:
20 a 25 minutos

Geleia caseira

Gosto de fazer minha geleia caseira usando 1 xícara (150 g) de frutas vermelhas, 1 colher (sopa) de chia e 1 colher (chá) de xarope de bordo ou melado. Misture os ingredientes no processador de alimentos por 30 segundos. Em seguida, leve a geleia à geladeira por 30 minutos.

Muffins de banana, nozes e aveia

NA MINHA CASA, o café da manhã tem que agradar às crianças, porque senão acabo tendo trabalho em dobro. Estes muffins são sempre um sucesso, e acabam rápido! Dá para fazê-los de antemão e deixá-los congelados. É uma opção que vai facilitar sua vida nas manhãs mais corridas. Retiro-os do freezer na véspera de servi-los. Dessa forma, eles já ficam descongelados na hora do café. Esta receita rende pouco, então talvez seja conveniente dobrar ou triplicá-la, caso a ideia seja servir mais pessoas.

RENDIMENTO: 3 MUFFINS GRANDES OU 6 MÉDIOS

- 3 xícaras (300 g) de aveia em flocos grossos sem glúten
- 1 colher (chá) de canela em pó
- ½ colher (chá) de sal marinho
- 2 bananas maduras amassadas
- ⅓ de xícara (85 g) de manteiga de nozes (veja a receita de manteiga vegetal básica na página 56)
- 3 colheres (sopa) de xarope de bordo (maple syrup) ou melado
- 2 a 3 colheres (sopa) de leite de amêndoa (veja a receita de leite vegetal básico na página 33)
- 1 colher (chá) de extrato de baunilha

1. Preaqueça o forno a 180 °C.
2. Numa tigela grande, misture a aveia, a canela e o sal. Reserve.
3. Misture a banana, a manteiga de nozes, o xarope de bordo, o leite de amêndoa e a baunilha numa panela. Leve ao fogo médio. Com o auxílio de uma espátula de silicone, mexa até a mistura ficar homogênea, processo que leva de 2 a 3 minutos.
4. Junte essa mistura de banana à tigela com a aveia. Mexa até os ingredientes ficarem homogêneos, processo que leva mais ou menos

continua

1 minuto, com o auxílio da batedeira fixa ou de mão (ambas funcionam bem).

5. Passe a mistura para uma fôrma de muffins untada ou coberta de forminhas de papel. Asse-os por 15 a 18 minutos, até dourarem de leve. Espere esfriarem totalmente antes de retirá-los da fôrma.

6. Na geladeira, os muffins duram até 1 semana. No freezer, até 3 meses. Guardo os meus em sacos com fecho hermético.

Variações

- Se quiser um toque especial, polvilhe uma mistura de açúcar de coco com canela por cima de cada muffin. Use 1 colher (sopa) de açúcar de coco (veja página 20) e ¼ de colher (chá) de canela em pó.
- Essa receita também fica deliciosa substituindo-se a manteiga de nozes pela de amêndoa e a canela por ¼ de xícara (40 g) de gotas de chocolate.
- Outras opções: 2 colheres (sopa) de coco ralado, uva-passa ou chia.

PREPARO E FORNO: cerca de 25 minutos

Muffins de banana, nozes e aveia

Muffins de banana com recheio de chocolate e avelã

QUEM PÕE A mão na massa já sabe: bolo de banana é uma forma excelente de aproveitar as bananas muito maduras. Estes muffins são bem molhadinhos e ainda têm o recheio delicioso de pasta de avelã e chocolate. Sério: tem coisa melhor?

RENDIMENTO: 12 MUFFINS

1 colher (sopa) de farinha de linhaça

3 colheres (sopa) de água morna

1¾ de xícara (160 g) de farinha de aveia sem glúten (veja página 22)

1 colher (chá) de fermento químico em pó

½ colher (chá) de sal marinho

2 bananas maduras amassadas

⅓ de xícara (80 ml) de purê de maçã sem adição de açúcar (veja página 18)

¼ de xícara (60 ml) de xarope de bordo (maple syrup) ou melado

5 colheres (sopa) de leite de amêndoa (veja a receita de leite vegetal básico na página 33)

1 colher (sopa) de óleo de coco (veja página 19)

1 colher (chá) de extrato de baunilha

1 xícara (240 g) de pasta de avelã e chocolate (página 64) ou outra manteiga vegetal de sua preferência para rechear (veja página 55)

1. Preaqueça o forno a 180 °C.
2. Misture a farinha de linhaça com a água numa tigelinha. Leve à geladeira por um minuto para firmar. A mistura fica viscosa como ovo.
3. Numa tigela grande, misture a farinha de aveia, o fermento e o sal.
4. Misture a banana, o purê de maçã, o xarope de bordo, o leite de amêndoa, o óleo de coco e a baunilha numa panela. Leve ao fogo médio. Com o auxílio de uma espátula de silicone, mexa até a mistura ficar homogênea, processo que leva de 2 a 3 minutos.
5. Junte a mistura de banana à tigela com a aveia. Mexa até a mistura ficar homogênea, processo que leva de 1 a 2 minutos.

continua

6. Junte a linhaça com água e misture bem com o auxílio da batedeira fixa ou de mão (ambas funcionam bem).
7. Com o auxílio de uma colher, passe um pouco da massa para os espaços de uma fôrma de muffins untada ou com forminhas de papel. Coloque uma colher da pasta de avelã e chocolate por cima e cubra com mais massa até preencher ¾ de cada forminha.
8. Asse os muffins por 12 a 15 minutos, até dourarem. Espere esfriarem totalmente antes de retirá-los da fôrma.
9. Guarde os muffins em pote hermeticamente fechado. Em temperatura ambiente eles duram até 4 dias. Na geladeira sua validade é de até 2 semanas. No freezer, de até 6 meses.

Variação

Experimente fazer esses muffins com manteiga de amêndoa ou de castanha de caju. Ficam igualmente deliciosos.

PREPARO E FORNO:
20 a 25 minutos

LEITES E MANTEIGAS VEGETAIS

Granola de manteiga de amendoim

ANTES DE ADERIR à alimentação integral, eu era fissurada em chocolate com recheio de manteiga de amendoim. Quando morava em Las Vegas, ia sempre às lojas especializadas procurar o chocolate com amendoim perfeito. Embora não viva mais nessa "caça", criei esta receita para incorporar o minha adorada manteiga de amendoim ao meu café da manhã. É uma receita para café da manhã, mas garanto que parece sobremesa! E quem não quer começar o dia de forma doce? Você vai ficar até animado para ir dormir na véspera!

RENDIMENTO: 4 XÍCARAS (480 G)

- 3 xícaras (300 g) de aveia em flocos grossos sem glúten
- 3 colheres (sopa) de cacau em pó sem adição de açúcar
- 1 colher (chá) de sal marinho
- ½ xícara (125 g) de manteiga de amendoim clássica (página 59)
- ⅓ de xícara (80 ml) de xarope de bordo (maple syrup) ou melado
- ¼ de xícara (60 ml) de purê de maçã sem adição de açúcar (veja página 18)
- 2 colheres (sopa) de leite de amêndoa (veja a receita de leite vegetal básico na página 33)
- 1 colher (chá) de semente de fava de baunilha ou extrato de baunilha (veja página 21)

1. Preaqueça o forno a 180 °C.
2. Numa tigela grande, misture a aveia, o cacau e o sal.
3. Misture a manteiga de amendoim, o xarope de bordo, o purê de maçã, o leite de amêndoa e a baunilha numa panela pequena. Leve ao fogo médio. Com o auxílio de uma espátula de silicone, mexa até a mistura ficar homogênea, processo que leva cerca de 2 minutos.
4. Junte a mistura de amendoim à tigela com a aveia. Com o auxílio da espátula de silicone, mexa até a aveia ficar bem coberta com a mistura de amendoim.

continua

5. Espalhe a mistura uniformemente numa assadeira forrada de papel de assar. Leve ao forno por mais ou menos 25 minutos. Na metade desse tempo, retire a assadeira e dê uma sacudida na granola. Para saber se a granola está boa, veja se ela já dourou.

6. Espere que esfrie completamente antes de retirá-la da assadeira.

7. Guarde a granola em pote hermeticamente fechado em temperatura ambiente por até 1 semana, na geladeira por até 2 semanas, e no freezer por até 6 meses.

PREPARO E FORNO: cerca de 35 minutos

Cookies de granola de manteiga de amendoim

É muito fácil transformar esta receita em cookies. Basta misturar mais ¼ de xícara (60 g) de manteiga de amendoim. Em seguida, coloque colheradas de massa na assadeira forrada de papel-manteiga. Leve ao forno e asse por 15 minutos. Não é tão fácil assim verificar se esse cookie está pronto pelo aspecto. O que eu faço é pressioná-lo de leve para ver se já está firme. Use uma colher de sorvete com ejetor ou duas comuns para passar a massa para a assadeira; os dois métodos funcionam.

Granola de manteiga de amendoim

Donut de manteiga de amendoim e gotas de chocolate

ALGUÉM AÍ FALOU de donut? Sim, eu quero, por favor! Esse clássico do café da manhã americano (e sobremesa também) deixa qualquer um feliz. O meu marido gosta tanto de donut que é só eu virar as costas que ele corre para comprar a guloseima. Está certo, pode ser exagero meu, mas ele não passa sem um donut de vez em quando! Por isso criei esta versão caseira com manteiga de amendoim e gotas de chocolate para ele. Na receita tradicional, o donut é frito em imersão em óleo vegetal ou de amendoim. Para deixar o meu um pouco mais saudável do que a versão das docerias, faço no forno para evitar o excesso de gordura. Aposto que, como a minha família, você também vai ficar viciado nessa receita.

RENDIMENTO: 12 DONUTS

- ½ xícara (120 ml) de purê de maçã sem adição de açúcar (veja página 18)
- ⅓ de xícara (80 ml) de xarope de bordo (maple syrup) ou melado
- ½ xícara (125 g) de manteiga de amendoim clássica (página 59)
- 3 colheres (sopa) de leite de amêndoa (veja a receita de leite vegetal básico na página 33)
- 1 colher (chá) de extrato de baunilha
- 2 xícaras (180 g) de farinha de aveia sem glúten (veja página 22)
- 1 colher (chá) de fermento químico em pó
- ½ colher (chá) de sal marinho
- ⅓ de xícara (50 g) de gotas de chocolate amargo

1. Preaqueça o forno a 180 °C.
2. Misture o purê de maçã, o xarope de bordo, a manteiga de amendoim, o leite de amêndoa e a baunilha numa panela pequena. Leve ao fogo médio e mexa até a mistura ficar homogênea, processo que leva de 2 a 3 minutos. Retire a panela do fogo e deixe esfriar por 5 minutos.
3. Enquanto a mistura de purê de maçã esfria, à parte misture a farinha de aveia, o fermento e o sal numa tigela grande.

CAFÉ DA MANHÃ

continua

4. Depois que a mistura da maçã tiver esfriado, junte-a aos ingredientes secos e misture bem com o auxílio da batedeira fixa ou de mão (ambas funcionam bem).
5. Com o auxílio de uma colher ou espátula, incorpore as gotas de chocolate.
6. Com o auxílio de uma colher, passe porções da massa para a fôrma de donut untada. Leve ao forno e asse por 10 minutos, até dourar. Espere esfriarem totalmente antes de retirá-los da fôrma.
7. Na geladeira, os donuts têm validade mínima de 7 dias, quem sabe até mais. No freezer, duram até 3 meses. Retire-os do freezer na véspera de servi-los e deixe-os descongelarem em temperatura ambiente da noite para o dia.

OBSERVAÇÃO

Se não tiver a fôrma de donut, faça a receita com fôrma de muffin. Basta deixá-los mais um pouco no forno para que o centro asse por completo. Também fica uma delícia!

PREPARO E FORNO:
20 a 25 minutos

Cookies de manteiga de amêndoa com quatro ingredientes

SE AS RECEITAS de confeitaria não são o seu forte, seja porque você é novo no assunto, seja porque se sente intimidado, saiba que esta receita é facílima. E, se você já tem experiência nesse tipo de receita, estes cookies vão fazer você se lembrar o quanto uma comida simples pode ser boa. E o melhor? Você já deve ter tudo em casa! Então, já para a cozinha e mão na massa! É bem rapidinho.

RENDIMENTO: 16 COOKIES DE 5 CM

- 2 xícaras (200 g) de aveia em flocos grossos sem glúten
- ½ colher (chá) de sal marinho
- 2 bananas amassadas
- 1 xícara (240 g) de manteiga de amêndoa (veja a receita de manteiga vegetal básica na página 56)
- 2 colheres (sopa) de xarope de bordo (maple syrup) ou melado, opcional

1. Preaqueça o forno a 180 °C.
2. Numa tigela grande, misture a aveia e o sal.
3. Numa panela pequena, misture as bananas amassadas com a manteiga de amêndoa e o xarope de bordo (se for usá-lo). Leve ao fogo médio. Mexa sem parar até a mistura ficar homogênea, processo que leva mais ou menos 2 minutos.
4. Junte a banana à aveia e misture bem com o auxílio da batedeira fixa ou de mão (ambas funcionam bem) ou à mão, com o auxílio de uma espátula de silicone.

continua

5. Use uma colher de sorvete com ejetor ou duas colheres para passar a massa para a assadeira forrada com papel de assar. Deixe um espaço de 2,5 cm entre cada cookie.

6. Asse-os por 10 minutos, até dourarem de leve. Espere esfriarem completamente antes de retirá-los da assadeira.

7. Guarde os cookies em pote hermeticamente fechado na geladeira. Sob refrigeração, a validade é de até 2 semanas. No freezer, de até 6 meses.

OBSERVAÇÃO

Para uma dose extra de proteínas, junte 2 colheres (chá) de chia.

PREPARO E FORNO: cerca de 15 minutos

cookies de manteiga
de amêndoa com quatro
ingredientes

Mingau prático de aveia com "caramelo" e noz-pecã

PARE PARA IMAGINAR: um café da manhã que fica pronto em poucos minutos, não precisa ir ao fogo e ainda dá horas de saciedade. Sim, ele existe! Este mingau de aveia é o meu café da manhã preferido. Sabe por quê? Para começar, são infinitas as possibilidades de sabor. Faço 5 potes do creme com antecedência para a semana toda. Além de garantir um café da manhã saudável, poupo tempo e evito atrasos.

RENDIMENTO: 1 PORÇÃO DE 340 G

- ½ xícara (150 g) de aveia em flocos grossos ou em grãos sem glúten
- 2 colheres (chá) de chia
- 1 colher (chá) de canela em pó
- ½ a ¾ de xícara (125 a 180 ml) de leite de amêndoa (a quantidade depende de você querer um creme mais ou menos espesso; veja a receita de leite vegetal básico na página 33)
- 1 colher (sopa) de manteiga de noz-pecã (veja a receita de manteiga vegetal básica na página 56)
- 1 tâmara sem caroço bem picadinha

1. Misture a aveia, a chia e a canela num pote de vidro com capacidade de 340 ml. Prefiro usar potes para conservas, mas use o que tiver. Vidros reaproveitados de geleia também funcionam bem.
2. Junte o leite de amêndoa, a manteiga de noz-pecã e a tâmara picadinha. Dissolva bem a manteiga de noz-pecã dentro do pote. Enquanto misturo, uso as costas da colher para ir desfazendo os grumos.
3. Cubra o pote e leve-o à geladeira por uma noite. De manhã, mexa o mingau antes de consumi-lo.

OBSERVAÇÕES

* A aveia em flocos grossos preserva a crocância, característica de que eu gosto. Se preferir um creme mais macio, use aveia em flocos finos. Mas não use aveia instantânea, pois fica muito mole.
* Se tiver sensibilidade a aveia, use painço.
* Pode substituir a tâmara por 2 colheres (chá) de xarope de bordo (maple syrup) ou melado, embora o resultado final não vá ter tanto sabor e textura de caramelo.
* Essa aveia também fica boa morna. Aqueça-a no micro-ondas por, no máximo, 30 segundos. Outra opção é colocar o pote numa panela com água e levar ao fogo para esquentar um pouco.

Variações

* Uma excelente variação para essa receita é substituir a manteiga de noz-pecã pela de amêndoa (veja a receita de manteiga vegetal básica na página 56), não usar a canela e juntar 2 colheres (chá) de cacau em pó sem adição de açúcar.
* Para uma dose extra de energia, gosto de adicionar 1 a 2 colheres (chá) de maca peruana em pó.

PREPARO: 5 minutos (sem incluir o tempo na geladeira)

Mingau prático de aveia com "caramelo" e noz-pecã, página 124

Pudim de chia e frutas vermelhas, página 128

Pudim de chia e frutas vermelhas

ATUALMENTE, A CHIA é reconhecida como um superalimento asteca. Sabia que uma porção de chia contém 11 gramas de fibras? Isso dá 42% da ingestão diária recomendada! Além disso, é ótima fonte de proteínas e gorduras saudáveis. O alto teor de fibras ajuda a prolongar a sensação de saciedade. Como a chia incha na água, uma pequena quantidade rende bastante, ajudando a dar sensação de saciedade. Existem várias formas de consumir chia, mas a minha preferida é na forma do pudim que ensino nesta receita. E dá para levá-lo para a escola ou o trabalho!

RENDIMENTO: 4 PORÇÕES DE ½ XÍCARA (250 G)

- 2 xícaras (480 ml) de leite de castanha-do-pará (veja receita de leite vegetal básico na página 33)
- ½ xícara (80 g) de chia
- ½ xícara (47 g) de coco ralado sem adição de açúcar
- 1 xícara (125 g) de morango fatiado (veja as observações na próxima página)
- 1 xícara (150 g) de mirtilo (veja as observações na próxima página)
- ½ xícara (70 g) de amora (veja as observações na próxima página)
- 1 colher (chá) de semente de fava de baunilha (veja página 21)
- 3 colheres (sopa) de xarope de bordo (maple syrup) ou melado

1. Misture bem todos os ingredientes numa tigela grande. Como a chia tende a grudar no fundo da tigela, mexa bem por vários minutos. A espátula de silicone ajuda a tirar as sementes mais teimosas do fundo.
2. Cubra a tigela e leve-a à geladeira para firmar por 4 horas. Esse pudim tem validade de 4 a 5 dias na geladeira.

OBSERVAÇÕES

* Embora menor, a semente de chia tem uma textura parecida com a do sagu de tapioca. Se você não gostar muito da textura da chia inchada na água, bata a mistura no liquidificador para que o creme fique mais liso.

* Pode usar frutas frescas ou congeladas nessa receita. Se optar pelas congeladas, descongele-as por completo antes de usá-las.

PREPARO E GELADEIRA: cerca de 5 minutos + 4 horas na geladeira

Smoothies

Smoothies são a opção perfeita de café da manhã para quem vive na correria. São ótimos também para qualquer hora do dia. E o melhor? Você pode experimentar muitas variações: verde e vibrante, energético com bastante proteína, cremoso como uma sobremesa ou refrescante como as frutas. O céu é o limite. Vou ensinar aqui várias receitas de smoothie que, com certeza, você vai adorar. Se quiser uma dose extra de proteínas nos seus smoothies, sugiro adicionar algumas colheradas de aveia, chia ou oleaginosas. Se preferir, pode complementar com proteína em pó. Pessoalmente, prefiro proteínas de fontes naturais. Os complementos proteicos, por serem altamente processados, perdem nutrientes.

Smoothie verde de banana e morango

ESTA É UMA receita clássica de smoothie verde feito com a maravilhosa combinação de morango e banana. É difícil resistir. Para quem está começando com os smoothies verdes, este é ótima opção, já que as frutas mascaram o sabor das verduras. Minhas filhas tomam esse smoothie sem fazer ideia de que estão consumindo verduras. A goji não é obrigatória, embora eu goste do sabor que ela dá ao smoothie. Além disso, faz bem à saúde e é riquíssima em vitamina A e antioxidantes. Se você não é chegado em espinafre, não se preocupe, pois não dá para sentir o gosto.

RENDIMENTO: 295 ML

1 xícara (240 ml) de leite de castanha-do-pará (veja a receita de leite vegetal básico na página 33)
2 xícaras (20 g) de espinafre
1 banana congelada (veja página 134)
1 xícara (220 g) de morango congelado
1 colher (sopa) de goji desidratada

1. Bata o leite de castanha-do-pará com o espinafre por 2 minutos no liquidificador em velocidade média. Talvez seja necessário parar algumas vezes para raspar as laterais do copo. É importante seguir esta primeira etapa para liquidificar bem o espinafre. Assim não há risco de ficarem pedaços de verdura no smoothie.
2. Junte as frutas e bata bem por mais 1 a 2 minutos.
3. Sirva imediatamente ou deixe na geladeira por até 24 horas. Você também pode distribuir o smoothie

continua

em forminhas de gelo e congelá-lo por até 6 meses. Na hora de usar, bata os cubos de smoothie congelado no liquidificador por 1 minuto.

OBSERVAÇÕES

* Se quiser aumentar o aporte proteico do smoothie, junte 2 colheres (sopa) de aveia, chia ou oleaginosas. Se preferir complementar com proteína em pó, use-a na quantidade indicada no rótulo.
* Recomendo o uso de um liquidificador potente para a produção de smoothies verdes. Assim as verduras ficam bem batidas.
* Para congelar banana, eu simplesmente a descasco e guardo em saquinhos com fecho hermético. Pouco antes de colocá-la no liquidificador, corto-a em pedaços pequenos.

PREPARO: cerca de 5 minutos

Smoothie de chocolate e manteiga de amêndoa

ESTE SMOOTHIE DELICIOSO, mas nem por isso menos nutritivo, é perfeito também como sobremesa. Distribuo-o em forminhas e faço picolés para tomar com as minhas filhas no verão.

RENDIMENTO: 2 XÍCARAS (480 ML)

- ½ a 1 xícara (20 g) de leite de amêndoa (veja a receita de leite vegetal básico na página 33)
- 1 xícara (240 ml) de espinafre
- 2 bananas congeladas (veja página 134)
- 2 colheres (sopa) de manteiga de amêndoa (veja a receita de manteiga vegetal básica na página 56)
- 1 colher (sopa) cheia de cacau em pó sem adição de açúcar
- 1 colher (sopa) de chia

1. Bata o leite de amêndoa com o espinafre por 2 minutos no liquidificador em velocidade média. É importante bater bem o espinafre para evitar o risco de ficarem pedaços da verdura no smoothie.

2. Junte os demais ingredientes e bata por mais 1 a 2 minutos, até o smoothie ficar na consistência desejada.

3. Sirva imediatamente ou deixe na geladeira por até 24 horas. Você também pode distribuir o smoothie em forminhas de gelo e congelá-lo por até 6 meses. Na hora de usar, bata os cubos de smoothie congelado no liquidificador por 1 minuto.

OBSERVAÇÃO

Se preferir, pode substituir a manteiga de amêndoa por outra manteiga de oleaginosa ou manteiga de semente de girassol (página 85).

PREPARO: cerca de 5 minutos

Smoothie de chocolate e manteiga de amêndoa, página 135

Smoothie de frutas vermelhas e couve, página 138

Smoothie de frutas vermelhas e couve

AO QUE PARECE, a couve é o superalimento mais falado do momento. Só que nem sempre seu sabor agrada de primeira. Os smoothies são uma ótima maneira de incorporar essa verdura na alimentação de forma discreta. Qualquer tipo de couve funciona bem nesta receita. Se você ainda se incomodar com o gosto dela, minha sugestão é usar a couve baby, de sabor mais suave.

RENDIMENTO: 1 XÍCARA (240 ML)

1 xícara (240 ml) de leite de amêndoa (veja receita de leite vegetal básico na página 33)
2 xícaras (20 g) de couve fresca sem talo
2 xícaras (460 g) de frutas vermelhas variadas congeladas

1. Bata o leite de amêndoa com a couve por 2 minutos no liquidificador, começando em velocidade baixa e aumentando aos poucos. Você pode usar o liquidificador comum, mas os modelos mais potentes conseguem triturar melhor as verduras.

2. Junte as frutas e bata por mais 1 a 2 minutos, até o smoothie ficar na consistência desejada.

3. Sirva imediatamente ou deixe na geladeira por até 24 horas. Você também pode distribuir o smoothie em forminhas de gelo e congelá-lo por até 6 meses. Na hora de usar, bata os cubos de smoothie congelado no liquidificador por 1 minuto.

OBSERVAÇÕES

* Para quem não gosta, pode-se substituir a couve por 2 xícaras (20 g) de espinafre sem os talos.
* Guarde os talos para aproveitá-los em sucos. Eles contêm boa parte da água da folha.

PREPARO: cerca de 5 minutos

Smoothie saudável de chocolate

TUDO FICA MELHOR com abacate. E este smoothie delicioso e supersaudável não é exceção a essa regra. O abacate dá uma cremosidade incrível. A chia, que incha na água, ajuda na sensação de saciedade. Usando cacau em pó, você ainda aproveita os benefícios do chocolate na forma mais pura.

RENDIMENTO: 4 XÍCARAS (960 ML)

- 2½ xícaras (600 ml) de leite de amêndoa (veja a receita de leite vegetal básico na página 33)
- 2 bananas congeladas (veja página 134)
- 1 abacate maduro sem casca e sem caroço
- 2 colheres (sopa) de cacau em pó sem adição de açúcar
- 1 colher (sopa) de chia
- 2 tâmaras sem caroço

1. Coloque o leite de amêndoa, a banana e o abacate no copo do liquidificador. Bata por cerca de 2 minutos até ficar cremoso e bem homogêneo.
2. Junte o cacau, a chia e as tâmaras e bata por mais 1 a 2 minutos, até obter a consistência desejada.
3. Sirva imediatamente ou deixe na geladeira por até 24 horas. Você também pode distribuir o smoothie em forminhas de gelo individuais e congelá-lo por até 6 meses. Na hora de usar, bata os cubos congelados no liquidificador por 1 minuto.

OBSERVAÇÃO

Incremente seu smoothie com 2 colheres (sopa) de goji desidratada.

PREPARO: cerca de 5 minutos

Smoothie saudável de chocolate,
página 139

Smoothie proteico tropical, página 142

Smoothie proteico tropical

ESTE SMOOTHIE É uma ótima opção para o café da manhã. Para que usar suplemento artificial de proteina se a polpa de amêndoa cumpre essa função naturalmente? Para que usar açúcar refinado se o sabor refrescante do abacaxi, da banana e da manga agradam a qualquer "formiguinha"? Com todos esses benefícios, além das fibras da polpa de amêndoa, esse smoothie tropical ajuda a manter a saciedade até a hora do almoço.

RENDIMENTO: 2 XÍCARAS (480 ML)

1 xícara (240 ml) de leite de amêndoa (veja receita de leite vegetal básico na página 33)

¼ de xícara (25 g) de polpa de amêndoa (veja "Como aproveitar a polpa de oleaginosas", página 87, e a observação da próxima página)

1 banana congelada (veja página 134)

1 xícara (245 g) de abacaxi congelado

½ xícara (75 g) de manga congelada

1. Bata o leite e a polpa de amêndoa por 2 minutos no liquidificador. Se o seu aparelho tiver gradação de velocidade, comece na mais lenta e vá aumentando aos poucos. Bata bem os ingredientes.

2. Junte os demais ingredientes e continue batendo por mais 2 minutos, até a mistura ficar lisa.

3. Sirva imediatamente ou deixe na geladeira por até 24 horas. Você também pode distribuir o smoothie em forminhas de gelo e congelá-lo por até 6 meses. Para fazer o smoothie nos dias de maior correria, bata os cubos congelados no liquidificador por 1 minuto.

OBSERVAÇÃO

Se não tiver polpa de amêndoa, use farinha de amêndoa ou 2 colheres (sopa) de amêndoa crua moída.

Variação

Se quiser deixar seu smoothie mais verde, sugiro adicionar 1 xícara (20 g) de verduras (espinafre, couve etc.) junto com o leite e a polpa de amêndoa.

PREPARO: cerca de 5 minutos

Smoothie de geleia e manteiga de amendoim

TODA CRIANÇA ADORA geleia com manteiga de amendoim, certo? Por que não transformar essa dupla em smoothie? Este é ótimo nos dias mais corridos, para as crianças tomarem no caminho. Com muitas fibras, proteínas e um pouco de doçura, ele vai deixar seus filhos saciados até o almoço. E eles vão pedir sempre! Na minha casa, até o meu marido sempre pede. Deve ser porque, no fundo, ele ainda é uma criança!

RENDIMENTO: 1 XÍCARA (240 ML)

- 1 xícara (240 ml) de leite de amêndoa (veja receita de leite vegetal básico na página 33)
- 1 banana congelada (veja página 134)
- 1 xícara (150 g) de mirtilo ou morango congelado
- 2 colheres (sopa) de manteiga de amendoim clássica (página 59)

1. Misture os ingredientes no liquidificador. Bata de 1 a 2 minutos em velocidade alta até ficar liso.
2. Sirva imediatamente ou deixe na geladeira por até 24 horas. Você também pode distribuir o smoothie em forminhas de gelo e congelá-lo por até 6 meses. Na hora de usar, bata os cubos congelados no liquidificador por 1 minuto.

OBSERVAÇÃO

Se quiser uma dose extra de proteínas e fibras, junte 1 colher (sopa) de chia.

PREPARO: cerca de 3 minutos

Smoothie de creme e laranja

QUANDO EU ERA pequena, um dos meus doces preferidos era picolé com recheio de sorvete de creme. O contraste do azedinho da laranja com a cremosidade do recheio de creme era um sucesso com as crianças. Tentei recriar esses sabores seguindo uma linha mais saudável. Escolhi o leite de castanha-do-pará porque ele é incrivelmente cremoso.

RENDIMENTO: 4 XÍCARAS (960 ML)

- 1 xícara (240 ml) de leite de castanha--do-pará (veja a receita de leite vegetal básico na página 33)
- 1 xícara (140 g) de gelo
- 2 cenouras grandes descascadas e cortadas em rodelinhas
- 2 tâmaras sem caroço
- 1½ laranja grande (baía, por exemplo) ou 3 pequenas (tipo seleta) descascadas e cortadas em gomos

1. Bata todos os ingredientes no liquidificador de 2 a 3 minutos até obter a consistência desejada.
2. Sirva imediatamente ou deixe na geladeira por até 24 horas. Você também pode distribuir o smoothie em forminhas de gelo e congelá-lo por até 6 meses. Na hora de usar, bata os cubos congelados no liquidificador por 1 minuto.

Variação

Para deixar o smoothie ainda mais atraente para as crianças, pode distribuí-lo em forminhas de picolé. Eles levam mais ou menos 6 horas para firmar e são uma ótima opção para oferecer legumes disfarçados para as crianças em forma de sorvete.

PREPARO: cerca de 5 minutos

Smoothie de torta de maçã

QUE TAL UMA torta de maçã de manhã sem culpa? Então experimente este smoothie. Ele tem gosto de torta, mas com bem menos calorias! Vários tipos de maçã funcionam nesta receita. Gosto de usar a variedade honeycrisp, bem doce e saborosa. A maçã gala também funciona bem. Se quiser um toque mais ácido, use a variedade granny smith.

RENDIMENTO: 3½ XÍCARAS (840 ML)

- 1½ xícara (360 ml) de leite de castanha de caju (veja a receita de leite vegetal básico na página 33)
- 1½ xícara (210 g) de gelo
- 2 maçãs grandes sem miolo cortadas em quatro
- 1 a 2 tâmaras sem caroço
- 1½ colher (chá) de canela em pó
- ¼ de colher (chá) de noz-moscada ralada, opcional

1. Bata todos os ingredientes em velocidade alta no liquidificador de 1 a 2 minutos, até obter a consistência desejada.
2. Sirva imediatamente ou deixe na geladeira por até 24 horas. Você também pode distribuir o smoothie em forminhas de gelo e congelá-lo por até 6 meses. Na hora de usar, bata os cubos congelados no liquidificador por 1 minuto.

PREPARO: cerca de 5 minutos

Delícias sem forno

Sabia que a maioria das frutas, hortaliças, sementes e oleaginosas é mais nutritiva quando está crua? Em geral, o cozimento e o beneficiamento de alimentos integrais retiram os nutrientes necessários à boa saúde. Nestas sobremesas, as oleaginosas e sementes são as grandes estrelas. Elas formam a base principal de cookies, fudges, tortas e trufas. Neste capítulo vou mostrar a incrível variedade que esses ingredientes simples podem proporcionar. Quando você se acostumar às técnicas sem cozimento, vai ser moleza criar sobremesas incríveis. Se tem uma receita imperdível desta seção, são as forminhas de chocolate com banana e manteiga de amêndoa (página 175), que até já apareceram num programa da TV americana.

Tortinha de morango e creme de castanha de caju

A PRIMAVERA É a minha estação preferida, e não é por menos: é a época das melhores frutas e hortaliças. E uma das melhores coisas da primavera é o morango. Como procuro comprar hortifrútis da estação, aproveito quando começa a época de morango. Quis incluir esta receita para demonstrar duas coisas. Primeiro, que é fácil fazer tortinhas. Segundo, que o creme de castanha de caju, além de delicioso, é bem versátil. Espero que você goste dessa receita. Na minha família, é sucesso.

RENDIMENTO: 4 TORTINHAS DE 10 CM

PARA A MASSA:

1 xícara (125 g) de amêndoa crua e sem sal
1 xícara (100 g) de nozes cruas e sem sal
½ colher (chá) de sal marinho
8 tâmaras sem caroço
2 colheres (sopa) de água
óleo para untar a fôrma (uso o de coco, mas qualquer tipo serve)

PARA O RECHEIO:

2 xícaras (260 g) de castanha de caju crua e sem sal deixada de molho à noite (ver página 29)
¼ de xícara (60 ml) de leite de amêndoa (veja a receita de leite vegetal básico na página 33)
2 a 3 colheres (sopa) de xarope de bordo (maple syrup) ou melado
2 colheres (chá) de semente de fava de baunilha (veja página 21)
1½ xícara (180 g) de morango cortado (veja as observações na próxima página)

1. Para fazer a massa, coloque a amêndoa, as nozes e o sal no processador de alimentos. Bata no modo pulsar de 1 a 2 minutos, até obter uma massa de consistência grossa. Junte a tâmara e a água e continue pulsando até a massa começar a se formar. Esse processo leva mais ou menos 1 minuto.

continua

2. Unte as forminhas de torta com um pouco de óleo. Uso fôrmas com fundo removível. Com elas fica mais fácil desenformar as tortinhas na hora de servir.
3. Pressione a massa levemente nas fôrmas untadas, deixando uma espessura de 6 mm. Quando tiver colocado a massa em todas as fôrmas, leve-as à geladeira para firmar.
4. Enquanto a massa firma, prepare o recheio: escorra e enxágue bem a castanha de caju. Bata-a com o leite de amêndoa, o xarope de bordo e a baunilha de 2 a 3 minutos no liquidificador em velocidade alta, até formar um creme liso.
5. Coloque o creme de castanha de caju por cima de cada fôrma coberta de massa. Decore com o morango. Sirva imediatamente ou deixe na geladeira por até 1 semana (veja as observações abaixo).

OBSERVAÇÕES

* Pode usar morango fresco ou congelado nessa receita. Se optar pelo congelado, descongele antes de usar. Deixo-o descongelando na pia por 1 hora.
* As tortinhas ficam melhores quando o creme de castanha de caju está fresco. Depois de um tempo na geladeira, ele começa a firmar um pouco. Embora continue gostoso, o "creme" acaba endurecendo e adquire consistência de uma manteiga de castanha de caju. Se a sua ideia é servir as tortinhas numa festa, recomendo que faça a massa com antecedência e deixe para fazer o recheio pouco antes de servir.
* Se não achar a semente de fava de baunilha, use 1 colher (chá) de extrato de baunilha. Para usar a fava de baunilha, corte-a ao meio e, com o auxílio de uma faca, raspe as sementes. Adicione-as à mistura, incorporando-as completamente. Não jogue a fava fora! Ela pode ser aproveitada para aromatizar caldas e leites.

PREPARO E GELADEIRA:
20 minutos (sem incluir o tempo de demolha)

Torta de coco, chocolate e avelã

TORTA, UMA SOBREMESA que não falta no universo da alimentação crudívora, pode ser recheada de frutas, chocolate, pastas de oleaginosas e o que mais sua imaginação mandar. Apesar da aparência sofisticada, esta receita é bem fácil de fazer. Basta usar as ferramentas certas. Recomendo muito o uso de fôrma com fundo removível. Assim, na hora de servir, é só levantar a base e *voilà*! A torta sai desenformada. Além de ter preparo rápido, ela fica muito bonita.

RENDIMENTO: 1 TORTA DE 23 CM

PARA A MASSA:
- 1 xícara (140 g) de castanha-do-pará crua e sem sal
- 1 xícara (100 g) de nozes cruas e sem sal
- ½ xícara (65 g) de farinha de linhaça
- ½ colher (chá) de sal marinho
- 8 a 10 tâmaras sem caroço
- 2 a 3 colheres (sopa) de água

PARA O RECHEIO:
- 1 xícara (240 g) de pasta de avelã e chocolate (página 64)
- 1 xícara (200 g) de manteiga de coco (veja página 22)
- ¼ de xícara (60 ml) de leite de amêndoa (veja a receita de leite vegetal básico na página 33)

PARA A COBERTURA DE CHANTILI:
- 400 ml de leite de coco caseiro deixado na geladeira de véspera (veja a receita de chantili de coco na página 51)
- 1 colher (sopa) de xarope de bordo (maple syrup) ou melado
- 1 colher (chá) de semente de fava de baunilha ou extrato de baunilha (veja página 21)

1. Para fazer a massa, bata a castanha-do-pará, as nozes, a farinha de linhaça e o sal no processador de alimentos. Bata no modo pulsar por cerca de 2 minutos, até obter uma massa de consistência grossa. Adicione a tâmara e bata no modo pulsar por mais 2 minutos. Junte a água e continue batendo até a massa começar a se formar.

continua

2. Cubra uma fôrma de torta (23 cm) já untada com a massa, pressionando-a com cuidado. Depois de forrar a fôrma com a massa, leve-a à geladeira. Ela não demora muito para firmar. São cerca de 10 minutos. Quando terminar de fazer o recheio, a massa já vai estar pronta.
3. Enquanto a massa firma na geladeira, prepare o recheio: bata todos os ingredientes no liquidificador de 3 a 5 minutos, em velocidade alta, até obter um creme liso.
4. Quando o recheio já estiver bem homogêneo, espalhe-o uniformemente sobre a massa com o auxílio de uma espátula de silicone. Ele fica ligeiramente espesso, mas dá para espalhá-lo. Se achar muito pegajoso, umedeça um pouco a espátula. Deixe a torta na geladeira enquanto faz a cobertura de chantili.
5. Para fazer a cobertura de chantili, siga o preparo do chantili de coco da página 51, lembrando de misturar o xarope de bordo e a baunilha à nata de coco antes de bater tudo.
6. Para decorar a torta com o chantili, passe-o para um saquinho plástico e corte uma das pontas para improvisar um saco de confeiteiro. Aperte o saquinho aos poucos e decore a torta com o chantili.
7. Sirva imediatamente ou deixe na geladeira por até 1 semana (veja a observação a seguir).

OBSERVAÇÃO

Se você for usar o chantili de coco para decorar a torta, recomendo que o utilize pouco antes de servi-la, pois ele endurece na geladeira.

Variação

A torta também fica linda decorada com framboesa ou morango.

PREPARO E GELADEIRA: cerca de 20 minutos (sem incluir o tempo de geladeira do leite de coco)

Torta de coco, chocolate e avelã

Trufa de castanha de caju e melado com toque de sal

QUANDO PENSO EM trufas, já imagino lojas de chocolates finos. E, por serem doces tão bonitos, parece que só os profissionais mais experientes sabem fazer. Mas a verdade é que é bem fácil fazer trufas maravilhosas com uma bela cobertura de chocolate e uma deliciosa surpresa no recheio. Nesta receita, ensino a fazer um recheio de trufa delicioso e aveludado que derrete na boca. É divino, eu garanto!

RENDIMENTO: 8 TRUFAS DE 2,5 CM

- 1 xícara (240 g) de manteiga de castanha de caju (veja a receita de manteiga vegetal básica na página 56)
- 2 colheres (sopa) de melado ou xarope de bordo (maple syrup)
- 1 colher (chá) de semente de fava de baunilha (veja página 21)
- ½ colher (chá) de sal marinho
- 1 barra (85 g) de chocolate amargo ou 1 xícara (160 g) de gotas de chocolate amargo
- 3 colheres (sopa) de leite de amêndoa (veja a receita de leite vegetal básico na página 33)

1. Bata a manteiga de castanha de caju, o melado, a baunilha e o sal no processador, no modo pulsar por 2 a 3 minutos até formar uma mistura homogênea.
2. Enrole bolinhas à mão, ou use uma colher de sorvete com ejetor para moldá-las. Já experimentei os dois métodos, e sempre rendem 8 trufas, mas acho que com a colher de sorvete com ejetor elas ficam mais bonitinhas.
3. Coloque as trufas numa assadeira forrada de papel-manteiga e leve-a ao freezer por, no mínimo, 1 hora.

continua

4. Enquanto as bolinhas de castanha de caju congelam, aqueça o chocolate e o leite em banho-maria (veja as observações a seguir) em fogo médio para alto. Mexa sem parar por cerca de 5 minutos, até o chocolate derreter.

5. Com o auxílio de dois garfos, passe as bolinhas de castanha de caju no chocolate derretido. Trabalhe rápido para evitar que a manteiga de castanha derreta. Em seguida, coloque-as numa assadeira forrada de papel-manteiga. Quando as bolinhas estiverem cobertas de chocolate, transfira-as para o freezer por 3 horas para firmarem.

6. Guarde as trufas em pote hermeticamente fechado na geladeira por até 2 semanas.

OBSERVAÇÕES

* Na hora de enrolar as bolinhas, pode parecer que a manteiga de castanha de caju não vai dar liga, mas ela firma no freezer.
* Para fazer o banho-maria, encha uma panela média com água e leve ao fogo. Assim que levantar fervura, coloque uma tigela de vidro refratário por cima da água fervente. Coloque o chocolate e o leite de amêndoa na tigela para derretê-lo suavemente sem o risco de queimá-lo.

PREPARO E GELADEIRA: cerca de 30 minutos + 4 horas na geladeira

Fudge de coco e chocolate branco

EMBORA NEM SEMPRE comente, sigo um estilo de vida vegano. Quando embarquei no veganismo, uma das coisas das quais tive que abrir mão foi o chocolate branco. Por quase 2 anos passei longe dele. Até que um dia eu não aguentei mais: fiquei com muita vontade de comer chocolate branco! Por isso criei minha própria alternativa. E estou aqui afirmando que dá, sim, para saborear o chocolate dentro de uma alimentação vegana e natural sem culpa! Experimente esta receita.

RENDIMENTO: 6 UNIDADES DE 6,4 CM OU 12 DE 4 CM

- 1 xícara (130 g) de castanha de caju crua e sem sal ou ½ xícara de manteiga de castanha de caju (veja a receita de manteiga vegetal básica na página 56 e a observação da próxima página)
- 1 xícara (200 g) de manteiga de coco (veja página 22)
- ½ xícara (220 g) de manteiga de cacau
- ¼ de xícara (60 ml) de xarope de bordo (maple syrup) ou melado
- ¼ colher (chá) de sal marinho
- 2 colheres (chá) de semente de fava de baunilha ou 1 colher (chá) de extrato de baunilha (veja página 21)

1. Bata a castanha de caju no processador até ficar bem fina, processo que deve levar de 2 a 3 minutos.
2. Misture as manteigas de coco e de cacau, o xarope de bordo, a castanha de caju, o sal e a baunilha numa panela pequena. Leve ao fogo médio e mexa até a mistura ficar homogênea e a manteiga de cacau derreter, processo que leva de 3 a 5 minutos.
3. Passe a mistura para uma fôrma de muffins untada ou coberta de forminhas de papel até preencher ¾ do espaço. Gosto de usar fôrma de silicone para muffins, mas as forminhas de papel também fun-

continua

cionam bem. Usando fôrmas convencionais de muffin, a receita rende 6 unidades grandes de fudge. Com fôrmas de minimuffins, 12 unidades. Outra opção é usar fôrmas de chocolate. Se optar por usá-las, unte-as para que o fudge desenforme com facilidade.

4. Leve o fudge ao freezer por cerca de 40 minutos ou à geladeira por cerca de 3 horas para firmar. Depois que firmar, guarde-o na geladeira por até 2 semanas, ou no freezer por até 3 meses. Se congelar o fudge, terá que deixá-lo descongelando por cerca de 5 minutos antes de comê-lo.

OBSERVAÇÕES

* Se preferir usar a manteiga de castanha de caju em vez da castanha crua, diminua a quantidade pela metade, para ½ xícara (120 g) de manteiga de castanha de caju.

* Se não tiver fôrmas de muffin nem de chocolate, forre um refratário de 20 x 20 cm com papel-manteiga e espalhe a massa de fudge uniformemente. Depois que o fudge firmar, corte-o em barrinhas ou quadrados.

Variação

Para fazer um fudge de coco e amêndoa, não use a manteiga de cacau, substituta a manteiga de castanha de caju pela de amêndoa, junte 2 colheres (sopa) de óleo de coco (veja página 19) e ½ colher (chá) de extrato de amêndoa.

PREPARO E GELADEIRA: cerca de 40 minutos se o fudge firmar no freezer e até 3 horas se firmar na geladeira

Fudge de coco e chocolate branco

Fudge de manteiga de amendoim e chocolate

É IMPRESSIONANTE, MAS este fudge fica igual à versão com leite. A manteiga de coco é perfeita para dar uma textura aveludada a este fudge vegano. Se você não gostar tanto de coco, não se preocupe! O chocolate e a manteiga de amendoim mascaram quase totalmente o sabor do coco. Na primeira vez que a minha família provou esta receita, nem sentiu que levava coco. A função dele é dar uma boa textura à receita. A manteiga de amendoim e o chocolate nasceram um para o outro, então se jogue!

RENDIMENTO: 12 UNIDADES DE 6,4 CM

- 1 barra (100 g) de chocolate amargo picado grosseiramente ou 1 xícara (160 g) de gotas de chocolate amargo
- 1 xícara (250 g) de manteiga de amendoim clássica (página 59)
- ½ xícara (100 g) de manteiga de coco (veja página 22)
- ¾ de xícara (180 ml) de leite de amêndoa (veja a receita de leite vegetal básico na página 33)
- ¼ de xícara (60 ml) de xarope de bordo (maple syrup) ou melado

1. Misture todos os ingredientes numa panela média. Leve ao fogo médio e mexa até ficar homogêneo, processo que leva cerca de 2 minutos.
2. Passe a mistura para uma fôrma de muffins untada ou coberta de forminhas de papel. Uso fôrma de silicone para muffins de tamanho convencional, mas as forminhas de papel também funcionam bem. Se quiser que a receita renda 24 unidades, use uma fôrma de minimuffins. Se não tiver fôrmas de muffins nem de chocolate, faça o fudge num refratário de 20 x 20 cm forrado com papel-manteiga.
3. Leve o fudge para firmar na geladeira por 30 minutos a 1 hora.
4. Guarde-o na geladeira por até 3 semanas. No freezer, por até 3 meses. Se congelá-lo, terá que deixá-lo descongelando por cerca de 5 minutos antes de comê-lo.

PREPARO E GELADEIRA: 30 minutos a 1 hora

Musse de manteiga de amêndoa

CERTA VEZ, ESTAVA de férias com meu marido em Austin, no Texas. Num passeio pela feira local, começamos a conversar sobre receitas para o *blog*. Tiramos a sorte grande de provar uma musse vegana nessa viagem. Foi dessa experiência que nasceu a receita que ensino agora. Embora seja sofisticada, esta sobremesa é facílima de fazer. Seus convidados vão achar o máximo!

RENDIMENTO: 4 PORÇÕES DE ½ XÍCARA (120 G)

- 400 ml de leite de coco caseiro deixado na geladeira de véspera
- ½ xícara (120 g) de manteiga de amêndoa (veja a receita de manteiga vegetal básica na página 56)
- ¼ de xícara (60 ml) de leite de amêndoa (veja a receita de leite vegetal básico na página 33)
- 2 colheres (sopa) de xarope de bordo (maple syrup) ou melado
- 1 colher (chá) de extrato de baunilha

1. Deixe o leite de coco na geladeira por uma noite antes de preparar a receita. De manhã, a nata do coco terá se separado da água.
2. Com uma colher, retire a nata do leite de coco e coloque numa tigela grande. Congele a parte líquida do leite de coco que sobrar em forminhas de gelo e use em smoothies (veja página 131).
3. Misture a manteiga e o leite de amêndoa, o xarope de bordo (maple syrup) e a baunilha numa panela pequena. Leve ao fogo médio e mexa até a mistura ficar homogênea, processo que leva cerca de 2 minutos. Retire do fogo.

continua

4. Com o auxílio do batedor globo da batedeira, bata a nata do coco em velocidade alta por 2 a 3 minutos até formar um creme. Ele fica parecido com o chantili tradicional de creme de leite fresco.
5. Incorpore a mistura de manteiga de amêndoa lentamente ao chantili.
6. Passe a mistura para tacinhas de sobremesa e leve à geladeira até a hora de servir. Na geladeira, sua validade é de cerca de 1 semana.

Variações

* Para realçar o sabor da amêndoa, use ½ colher (chá) de extrato de amêndoa.
* Os chocólatras podem usar a pasta de avelã e chocolate (página 64) em vez da manteiga de amêndoa.
* Uma ótima opção para o Natal é substituir a manteiga de amêndoa por purê de abóbora e juntar 1 colher (chá) de canela, ¼ de colher (chá) de noz-moscada ralada e ¼ de colher (chá) de gengibre em pó.

PREPARO E GELADEIRA: cerca de 30 minutos (sem incluir o tempo de geladeira do leite de coco)

Barrinhas de brownie

SE VOCÊ É chocólatra da pesada, seus problemas acabaram. Esta receita traz a combinação divina do sabor cremoso da manteiga de macadâmia com o sabor marcante do chocolate amargo. E tudo na sua casa! Cuidado, pois há o risco de querer devorar o brownie todo de uma vez! É bom ter uma companhia! Se depois de 24 horas tiver sobrado, parabéns! Você tem mais autocontrole do que eu.

RENDIMENTO: 9 QUADRADOS DE 5 CM

- 1 xícara (100 g) de aveia em flocos grossos sem glúten
- 1 xícara (240 g) de manteiga de macadâmia (veja a receita de manteiga vegetal básica na página 56)
- 12 tâmaras sem caroço
- ¾ de xícara (120 g) de gotas de chocolate amargo
- 2 colheres (sopa) de cacau em pó sem adição de açúcar
- ½ colher (chá) de sal marinho
- 3 a 4 colheres (sopa) de água

1. Coloque a aveia e a manteiga de macadâmia no processador de alimentos. Bata no modo pulsar por cerca de 2 minutos, até obter uma massa de consistência grossa.
2. Junte os demais ingredientes, com exceção da água.
3. Bata no processador por 1 minuto. Em seguida, adicione a água lentamente, uma colherada de cada vez. A mistura vai começar a formar uma massa líquida espessa.
4. Forre um refratário de 20 x 20 cm com papel-manteiga. Deixe uma sobra de papel em cada lado do refratário para conseguir retirá-lo inteiro.

continua

5. Espalhe a massa uniformemente no refratário. Como a massa fica muito pegajosa, é bom umedecer a espátula primeiro. Depois que ela estiver bem espalhada no refratário, leve-o à geladeira para firmar por 1 hora.

6. Quando a massa tiver firmado, puxe as sobras do papel e tire o brownie do refratário. Corte-o em 9 quadrados do mesmo tamanho usando um cortador de pizza ou uma faca bem afiada.

7. Guarde os quadrados na geladeira, onde duram até 2 semanas, ou no freezer por até 6 meses.

PREPARO E GELADEIRA: cerca de 65 minutos

Barrinhas de brownie

Bolinhas de massa de cookie

UM DOS GRANDES ritos de passagem da infância é comer a massa de cookie direto da tigela. É um hábito tão enraizado na cultura americana que já existem balas e sorvetes com sabor de massa de cookie. Só que comer a massa crua feita em casa pode trazer riscos por causa dos ovos crus da receita. É por isso que esta receita é tão boa: não leva ovos! Você pode comê-la sem restrições. O único problema é que acaba rápido!

RENDIMENTO: 15 BOLINHAS DE 2,5 CM

- 1 xícara (100 g) de aveia em flocos grossos sem glúten
- 10 tâmaras sem caroço
- 1 xícara (240 g) de manteiga de macadâmia (veja a receita de manteiga vegetal básica na página 56)
- 1 colher (chá) de semente de fava de baunilha (veja página 21)
- 2 colheres (sopa) de água
- ½ xícara (80 g) de gotas de chocolate amargo

1. Bata a aveia em flocos no processador por 2 minutos, até ficar grosseiramente moída.
2. Junte a tâmara, a manteiga de macadâmia, a baunilha e a água. Bata no modo pulsar por 2 a 3 minutos, até começar a formar uma massa.
3. Incorpore as gotas de chocolate à massa ou utilize-as na próxima etapa, para cobrir as bolinhas.
4. Enrole a massa em bolinhas. Se preferir, passe as bolinhas num prato com gotas de chocolate e, em seguida, aperte-as de leve para as gotas grudarem.

continua

5. Coloque as bolinhas numa assadeira forrada de papel de assar. Leve-as à geladeira por cerca de 30 minutos, para firmarem.

6. Guarde as bolinhas de massa de cookie na geladeira por até 2 semanas. No freezer, por até 6 meses.

OBSERVAÇÃO

Se quiser uma dose extra de proteínas, junte 2 colheres (sopa) de chia ou de polpa de leite vegetal (veja o capítulo "Como aproveitar a polpa de oleaginosas", página 87).

PREPARO E GELADEIRA: cerca de 40 minutos

Forminhas de chocolate com banana e manteiga de amêndoa

EM FEVEREIRO DE 2014 estes docinhos foram os vencedores num concurso de receitas gostosas e saudáveis promovido por um programa da TV americana. Depois que você fizer, vai entender por quê. Esta receita é perfeita para quando bate aquela vontade de comer um docinho, mas nenhuma disposição de abusar. É tão boa que uma das apresentadoras do programa até a serviu na festa que deu na final do Super Bowl. Ao que consta, as forminhas foram a grande sensação da noite! Com esse currículo de peso, as forminhas vão ser um sucesso.

RENDIMENTO: 12 UNIDADES DE 6,4 CM

1 banana madura amassada

⅓ de xícara (80 g) de manteiga de amêndoa (veja a receita de manteiga vegetal básica na página 56)

1 colher (chá) de semente de fava de baunilha ou extrato de baunilha (veja página 21)

1 barra (125 g) de chocolate amargo ou ½ xícara (80 g) de gotas de chocolate

¼ de xícara (60 ml) de leite de amêndoa (veja a receita de leite vegetal básico na página 33)

1. Numa tigela pequena, misture a banana, a manteiga de amêndoa e a baunilha.
2. Misture o chocolate e o leite em banho-maria (veja as observações na próxima página). Aqueça e continue misturando por 5 minutos, até o chocolate derreter e ficar bem liso.
3. Coloque uma pequena quantidade de chocolate no fundo de uma fôrma de muffin. Quando cada forminha estiver com o fundo coberto de chocolate, leve a fôrma de muffins para o freezer por 5 a 10 minutos para firmar.

continua

4. Quando o chocolate estiver firme, coloque uma colherada da mistura de banana em cada forminha. Depois que todas as forminhas já estiverem com a mistura de banana, cubra-as com o chocolate restante e leve ao freezer por algumas horas para firmar.

5. Sirva imediatamente depois de retirar as forminhas do freezer (veja as observações a seguir). Congeladas, essas forminhas duram até 6 meses.

OBSERVAÇÕES

* Para fazer o banho-maria, encha uma panela média com água. Assim que ferver, coloque uma tigela de vidro refratário por cima da água fervente. Coloque o chocolate e o leite de amêndoa na tigela para derretê-lo sem o risco de queimá-lo.

* Duas observações sobre o modo de conservar as forminhas. Primeiro: elas devem ser guardadas no freezer, senão a banana fica muito mole. Segundo: como elas derretem muito rápido depois que saem do freezer, retire-as somente na hora de consumi-las.

Variação

Você pode simplificar a receita preenchendo as forminhas apenas com a mistura de banana, manteiga de amêndoa e baunilha, uma opção gostosa, saudável, com menos gordura e calorias.

PREPARO E GELADEIRA: cerca de 3 horas

Forminhas de chocolate com banana e manteiga de amêndoa

Delícias de forno

Eu adoro receitas de confeitaria. Faço desde pequena, pois sempre adorei doces. Com o passar dos anos, fui me aprimorando, e a menininha que ainda vive dentro de mim adora provar as delícias que faço. As receitas a seguir são preparações que gosto de fazer... e de comer! Nenhuma é de preparo difícil, e as manteigas vegetais sempre matam a minha vontade de comer um docinho. Todas as receitas incríveis deste capítulo vão deixar sua cozinha tomada de aromas maravilhosos. Ah, e o sabor é ainda melhor! Recomendo saboreá-las acompanhadas de um copo de leite vegetal!

Cookies de amêndoa e coco

QUEM GOSTA DE chocolate com recheio de coco vai adorar estes cookies, bem melhores que a barrinha de chocolate. Isso porque eles não causam um pico de açúcar no sangue, evitando que você volte a sentir vontade de consumir açúcar novamente. E esses cookies trazem os mesmos sabores do chocolate em barra. O melhor? Sem a culpa! Naturalmente doces e sem glúten, valem cada mordida. Experimente e comprove.

RENDIMENTO: 12 COOKIES DE 5 CM

- 1 colher (sopa) de farinha de linhaça
- 3 colheres (sopa) de água morna
- 1½ xícara (135 g) de farinha de aveia sem glúten (veja página 22)
- ½ xícara (45 g) de coco ralado sem adição de açúcar
- 1 colher (chá) de fermento químico em pó
- 1 colher (chá) de sal marinho
- ½ xícara (120 g) de manteiga de amêndoa (veja a receita de manteiga vegetal básica na página 56)
- ⅓ de xícara (80 ml) de xarope de bordo (maple syrup) ou melado
- ¼ de xícara (60 ml) de óleo de coco (veja página 19)
- 1 colher (chá) de semente de fava de baunilha ou extrato de baunilha (veja página 21)
- ½ colher (chá) de extrato de amêndoa
- 50 g de chocolate amargo picado grosseiramente ou ½ xícara (80 g) de gotas de chocolate amargo

1. Preaqueça o forno a 180 °C.
2. Misture a farinha de linhaça com a água numa tigelinha. Leve à geladeira por 1 minuto para firmar. A mistura fica viscosa como ovo.
3. Numa tigela grande, misture a farinha de aveia, o coco, o fermento e o sal. Reserve.
4. Misture a manteiga de amêndoa, o xarope de bordo (maple syrup), o óleo de coco, a baunilha e o extrato de amêndoa numa panela pequena. Leve ao fogo médio, mexendo por cerca de 1 minuto, até a mistura ficar lisa.

continua

5. Quando a mistura de manteiga de amêndoa estiver lisa, junte-a à tigela dos ingredientes secos. Misture bem de 1 a 2 minutos com o auxílio da batedeira fixa ou de mão (ambas funcionam bem).

6. Junte a mistura de água e linhaça e bata até os ingredientes ficarem homogêneos. Incorpore o chocolate.

7. Molde a massa em bolinhas à mão ou usando uma colher de sorvete com ejetor. Coloque-as na assadeira forrada de papel-manteiga dando uma distância de 2,5 cm entre cada uma. Leve ao forno por 12 minutos, ou até os cookies dourarem nas bordas.

8. Deixe esfriarem totalmente na assadeira antes de guardá-los num pote hermeticamente fechado. Guarde-os na geladeira por até 3 semanas. No freezer, por até 6 meses. Se congelá-los, descongele-os em temperatura ambiente por cerca de 5 minutos antes de consumi-los.

PREPARO E FORNO: cerca de 20 minutos

Sanduíches de cookies de manteiga de amêndoa

OS SANDUÍCHES DE cookie têm vários tipos e formatos. Fazendo em casa, você pode escolher as combinações que preferir. Neste caso, usei minha adorada manteiga de amêndoa junto com uma maravilhosa pasta de chocolate. O resultado é divino. Quando você vir o quanto é fácil, vai querer experimentar novas combinações de sabor.

RENDIMENTO: 16 COOKIES DE 2,5 CM

1 colher (sopa) de farinha de linhaça
3 colheres (sopa) de água morna
2 xícaras (180 g) de farinha de aveia sem glúten (veja página 22)
½ xícara (115 g) de açúcar de coco
1 colher (chá) de semente de fava de baunilha (veja página 21)
½ colher (chá) de sal marinho
1 xícara + 2 colheres (sopa) (270 g) de manteiga de amêndoa (veja a receita de manteiga vegetal básica na página 56)
¾ de xícara (180 ml) de leite de amêndoa (veja a receita de leite vegetal básico na página 33)
½ xícara (125 g) de pasta de amendoim e chocolate (página 68)

1. Preaqueça o forno a 180 °C.
2. Misture a farinha de linhaça com a água numa tigelinha. Leve à geladeira por 1 minuto para firmar. A mistura fica viscosa como ovo.
3. Numa tigela grande, misture a farinha de aveia, o açúcar de coco, a baunilha e o sal. Reserve.
4. Misture a manteiga e o leite de amêndoa numa panela pequena. Leve ao fogo médio e mexa até a mistura ficar homogênea, processo que leva de 1 a 2 minutos. Retire do fogo.
5. Junte a mistura de manteiga de amêndoa aos ingredientes secos e misture bem por 1 a 2 minutos com o auxílio da batedeira fixa ou de mão (ambas funcionam bem).

continua

6. Junte a água com linhaça e misture mais 1 minuto.
7. Molde os cookies em bolinhas à mão ou com o auxílio de uma colher de sorvete com ejetor. Coloque-as numa assadeira untada ou forrada de papel-manteiga dando um espaço de 1 cm entre cada bolinha. A massa deve render 32 bolinhas. Achate-as com a mão.
8. Asse-os por 10 a 11 minutos. Não é tão fácil assim verificar se esse cookie está pronto pelo aspecto. O que eu faço é pressioná-lo de leve para ver se já está firme. Espere esfriarem completamente antes de retirá-los da assadeira.
9. Depois que os cookies esfriarem, passe a pasta de amendoim e chocolate em cada um e monte sanduichinhos. Repita o processo até terminar todos os sanduichinhos.
10. Leve-os à geladeira por 30 minutos para firmar.
11. Guarde-os na geladeira por até 2 semanas. No freezer, por até 6 meses.

OBSERVAÇÃO

* Pode substituir o extrato de baunilha por semente de fava de baunilha. Eu prefiro o sabor forte e fresco da fava de baunilha.

Variações

* Uma combinação interessante é usar uma geleia caseira de sua preferência (veja página 108) em vez da pasta de chocolate.
* Outra boa opção de recheio é a manteiga de coco (veja página 22).

PREPARO E FORNO: cerca de 50 minutos

Sanduíches de cookies de manteiga de amêndoa

Brownie de chocolate e manteiga de amendoim

ESTE BROWNIE CREMOSÍSSIMO é um verdadeiro pecado! Uso chocolate amargo e cacau em pó para deixá-lo ainda melhor. Com a manteiga de castanha de caju, ele fica ainda mais espetacular.

RENDIMENTO: 9 QUADRADOS DE 5 CM

- 1 colher (sopa) de farinha de linhaça
- 3 colheres (sopa) de água morna
- 2 xícaras (180 g) de farinha de aveia sem glúten (veja página 22)
- ½ xícara (60 g) de cacau em pó sem adição de açúcar
- 1 ½ colher (chá) de fermento químico em pó
- ½ colher (chá) de sal marinho
- 1 xícara (250 g) de manteiga de amendoim clássica (página 59)
- 50 g de chocolate amargo ou ½ xícara (80 g) de gotas de chocolate amargo
- ½ xícara (120 ml) de leite de amêndoa (veja a receita de leite vegetal básico na página 33)
- ½ xícara (120 ml) de xarope de bordo (maple syrup) ou melado
- ½ xícara de óleo de coco (veja página 19)
- ¼ de xícara (60 ml) de purê de maçã sem adição de açúcar (veja página 18)
- 1 colher (chá) de semente de fava de baunilha ou extrato de baunilha (veja página 21)

1. Preaqueça o forno a 180 °C.
2. Misture a farinha de linhaça com a água numa tigelinha. Leve à geladeira por 1 minuto para firmar. A mistura fica viscosa como ovo.
3. Numa tigela grande, misture a farinha de aveia, o cacau, o fermento e o sal. Reserve.
4. Misture os demais ingredientes numa panela pequena. Leve ao fogo médio. Com o auxílio de uma espátula de silicone, mexa por 5 minutos, até a mistura ficar homogênea.
5. Junte a mistura da panela aos ingredientes secos e misture bem por 1 a 2 minutos com o auxílio da batedeira fixa ou de mão (ambas funcionam bem).

continua

6. Junte a mistura de água e linhaça e misture por 1 minuto, até os ingredientes ficarem homogêneos.
7. Forre um refratário de 20 x 20 cm com papel-manteiga. Deixe uma sobra de papel em cada lado do refratário para conseguir retirar o brownie inteiro.
8. Com o auxílio de uma colher, passe a massa uniformemente para o refratário, pressionando-o de leve. Asse por 15 minutos. Para saber se já assou, enfie um palito no meio. Se sair limpo, é porque está pronto. Como gosto de brownie bem molhadinho, deixo o meu um pouco mole no meio. Para que o brownie fique com uma consistência semelhante à de bolo, deixe mais 5 minutos no forno.
9. Espere esfriar completamente antes de retirar o brownie do refratário. Para retirá-lo, levante as abas do papel de assar. O brownie vai sair inteiro. Corte-o em 9 quadrados do mesmo tamanho usando um cortador de pizza ou uma faca bem afiada.
10. Guarde o brownie em pote hermeticamente fechado na geladeira por até 2 semanas. No freezer, por até 6 meses. Na hora de consumi-lo, retiro-o do freezer e deixo descongelar por 1 ou 2 horas. Também pode descongelá-lo no micro-ondas no modo de descongelamento.

OBSERVAÇÃO

Se você achar que tem óleo demais na receita, pode diminuir a quantidade para ¼ de xícara (60 ml) e juntar mais ¼ de xícara (60 ml) de purê de maçã ou iogurte vegano.

TEMPO DE PREPARO E FORNO: 25 a 30 minutos

Cookies de macadâmia e gotas de chocolate

QUANDO ADOTEI UMA alimentação mais saudável, achava que teria que dar adeus às gotas de chocolate. Pois então, meus amigos: estou aqui para dizer que não é verdade. A cremosidade natural da manteiga de macadâmia é excelente para substituir o sabor e a textura dos ingredientes lácteos. Embora leve pouco óleo, este cookie não fica ressecado, graças à macadâmia.

RENDIMENTO: 22 COOKIES DE 2,5 CM

- 2 colheres (sopa) de farinha de linhaça
- ¼ de xícara + 2 colheres (sopa) de água
- 2¾ de xícara (250 g) de farinha de aveia sem glúten (veja página 22)
- ½ xícara (50 g) de coco ralado sem adição de açúcar
- 2 colheres (chá) de semente de fava de baunilha (veja página 21)
- 1 colher (chá) de fermento químico em pó
- 1 colher (chá) de bicarbonato de sódio
- ½ colher (chá) de sal marinho
- ¾ de xícara (180 g) de manteiga de macadâmia (veja a receita de manteiga vegetal básica na página 56)
- ½ xícara (120 ml) de xarope de bordo (maple syrup) ou melado
- 2 colheres (sopa) de óleo de coco (veja página 19)
- ½ xícara (80 g) de gotas de chocolate amargo

1. Preaqueça o forno a 180 °C.
2. Misture a farinha de linhaça com a água numa tigelinha. Leve à geladeira por 1 minuto para firmar. A mistura fica viscosa como ovo.
3. Numa tigela grande, misture a farinha de aveia, o coco, a baunilha, o fermento, o bicarbonato e o sal. Reserve.
4. Misture a manteiga de macadâmia, o xarope de bordo e o óleo de coco numa panela pequena. Leve ao fogo médio. Com o auxílio de uma espátula de silicone, mexa cerca de 5 minutos, até a mistura ficar homogênea. Junte essa mistura à tigela de ingredientes secos.

continua

5. Junte a mistura de água e linhaça e misture por 1 minuto na batedeira fixa ou de mão (ambas funcionam bem), até os ingredientes ficarem homogêneos.
6. Com o auxílio de uma espátula, incorpore as gotas de chocolate. Leve a tigela de massa à geladeira por 20 minutos para firmar.
7. Com o auxílio de uma colher, coloque porções da massa na assadeira forrada com papel-manteiga. Deixe um espaço de 2,5 cm entre cada cookie. Asse-os por 10 a 12 minutos, até dourarem de leve nas bordas. Espere esfriarem completamente antes de retirá-los da assadeira.
8. Guarde os cookies na geladeira por até 2 semanas. No freezer, por até 6 meses.

PREPARO E FORNO: cerca de 45 minutos

Cookies de macadâmia e gotas de chocolate

Cookies de manteiga de castanha de caju com recheio de chocolate

SEMPRE QUE PENSO em cookies recheados, imagino biscoitinhos amanteigados crocantes por fora e macios por dentro. A manteiga de castanha de caju, de textura cremosa e consistente, é o ingrediente perfeito para esta receita. Aqui o recheio é de chocolate, mas pode usar geleia caseira ou outra manteiga vegetal.

RENDIMENTO: 18 COOKIES DE 2,5 CM

- 1 xícara (135 g) de manteiga de castanha de caju (veja a receita de manteiga vegetal básica na página 56)
- ½ xícara (120 ml) de xarope de bordo (maple syrup) ou melado
- ¼ de xícara (60 ml) de leite de amêndoa (veja a receita de leite vegetal básico na página 33)
- 2 colheres (sopa) de óleo de coco (veja página 19)
- 2 colheres (chá) de semente de fava de baunilha ou extrato de baunilha (veja página 21)
- 1 ½ xícara (135 g) de farinha de aveia sem glúten (veja página 22)
- ½ colher (chá) de fermento químico em pó
- ½ colher (chá) de sal marinho
- ½ xícara (80 g) de gotas de chocolate amargo (veja a observação na próxima página)

1. Preaqueça o forno a 180 °C.
2. Misture a manteiga de castanha de caju, o xarope de bordo, o leite de amêndoa, o óleo de coco e a baunilha numa panela pequena. Leve ao fogo médio e mexa por 2 a 3 minutos, até a mistura ficar homogênea. Retire a panela do fogo e deixe esfriar em temperatura ambiente.
3. Enquanto a mistura da panela esfria, à parte misture a farinha de aveia, o fermento e o sal numa tigela média.
4. Quando a mistura de manteiga de castanha de caju tiver esfriado, junte-a à tigela dos ingredientes secos.

continua

Bata os ingredientes por cerca de 2 minutos na batedeira fixa ou de mão (ambas funcionam bem), até os ingredientes ficarem homogêneos. Raspe as bordas da tigela da batedeira quando necessário.

5. Use uma colher de sorvete com ejetor ou duas colheres para passar a massa para a assadeira forrada com papel de assar. Deixe um espaço de 2,5 cm entre cada cookie. Como a massa fica espessa e pegajosa, prefiro usar a colher de sorvete.

6. Aperte o meio de cada biscoito com o dedão. Coloque as gotas de chocolate nos buracos dos cookies. Uso de 5 a 6 gotas de chocolate em cada. Essa é uma boa hora para pedir ajuda às crianças. As minhas filhas adoram colocar as gotinhas de chocolate. E também adoram comê-las!

7. Asse os cookies por 10 a 12 minutos, até dourarem nas bordas. Espere esfriarem completamente antes de retirá-los da assadeira.

8. Guarde os cookies em pote hermeticamente fechado na geladeira. Sob refrigeração, a validade é de 7 a 10 dias. No freezer, de até 6 meses.

OBSERVAÇÃO

Nessa receita, uso gotas de chocolate com 63% de cacau em vez das com teor de 72% que uso normalmente (veja página 19). Acho que as gotas mais doces funcionam melhor nessa receita de cookie, mas use o que preferir.

Variação

Transforme a receita substituindo as gotas de chocolate por ¼ de xícara (85 g) de sua geleia preferida. Na página 108 há uma receita de geleia caseira perfeita para esses cookies recheados.

PREPARO E FORNO: 20 a 25 minutos

Blondie de manteiga de amêndoa (sem farinha)

ASSIM COMO OS cookies de macadâmia e gotas de chocolate (página 189), este blondie também tem sabor cremoso e amanteigado sem levar óleo, farinha nem derivados de leite. E tem um ingrediente surpresa: o grão-de-bico, que funciona muito bem em receitas doces. Minhas filhas caíram como patinhos e nem perceberam que havia um ingrediente saudável infiltrado. Meu marido também não percebeu! Uso muito grão-de-bico na minha casa. Faço um petisco doce assando grão-de-bico com um pouco de xarope de bordo e canela.

RENDIMENTO: 9 QUADRADOS DE 5 CM

- 1 xícara (200 g) de grão-de-bico seco ou 1 lata (480 ml) de grão-de-bico em conserva
- 1 colher (sopa) de farinha de linhaça
- 3 colheres (sopa) de água morna
- 1 xícara (100 g) de aveia em flocos grossos sem glúten
- ½ colher (chá) de sal marinho
- 1 xícara (250 g) de manteiga de amêndoa (veja a receita de manteiga vegetal básica na página 56)
- ½ xícara (120 ml) de xarope de bordo (maple syrup) ou melado
- ½ xícara (50 g) de coco ralado sem adição de açúcar
- 1 colher (chá) de extrato de baunilha
- ½ de xícara (80 g) de gotas de chocolate amargo

1. Preaqueça o forno a 180 °C.
2. Na véspera, deixe o grão-de-bico de molho em água. Escorra e cozinhe-o até ficar macio. Se usar o grão-de-bico em conserva, escorra-o e enxágue-o. Seque-o em papel-toalha ou pano de prato limpo.
3. Misture a farinha de linhaça com a água numa tigelinha. Leve à geladeira por 1 minuto para firmar. A mistura fica viscosa como ovo.
4. Bata levemente o grão-de-bico, a aveia e o sal no processador de alimentos por 1 minuto.

continua

5. Junte a manteiga de amêndoa, o xarope de bordo, o coco ralado, a baunilha e a mistura de linhaça com água. Continue batendo no modo pulsar por 2 a 3 minutos, até formar uma mistura homogênea. Talvez seja necessário parar algumas vezes para raspar as laterais.
6. Forre um refratário de 20 x 20 cm com papel-manteiga. Deixe uma sobra de papel em cada lado do refratário para conseguir retirar o blondie inteiro.
7. Com o auxílio de uma colher, passe a massa cuidadosamente para o refratário. Como a massa fica muito pegajosa, umedeça a espátula. Pressione a massa no refratário uniformemente.
8. Salpique gotas de chocolate por cima e pressione-as na massa. Asse por cerca de 20 minutos. Para saber se está pronto, encoste o dedo cuidadosamente por cima do blondie. Se estiver firme, é sinal de que já pode ser retirado do forno.
9. Espere esfriar completamente antes de retirá-lo do refratário. Para retirá-lo, levante as abas de papel de assar. O blondie vai sair inteiro. Corte-o em 9 quadrados do mesmo tamanho usando um cortador de pizza ou uma faca bem afiada.
10. Guarde-o em pote hermeticamente fechado na geladeira. Sob refrigeração, a validade é de 7 a 10 dias. No freezer, de até 6 meses. A melhor maneira de descongelá-lo é deixando-o em temperatura ambiente. Não recomendo descongelá-lo no micro-ondas por causa das gotas de chocolate.

OBSERVAÇÃO

Se preferir, pode usar feijão-branco cozido em vez de grão-de-bico nessa receita.

PREPARO E FORNO: cerca de 30 minutos (sem incluir o tempo de demolha do grão-de-bico)

Blondie de manteiga de amêndoa (sem farinha)

Barrinha de granola e manteiga de amendoim (feita na panela elétrica)

A PANELA ELÉTRICA pode ser usada para muito mais que arroz e sopas. Um exemplo são estas barrinhas de granola. O cozimento lento apura mais os sabores. No verão, a panela elétrica é uma mão na roda, pois evita ter que ligar o forno no calor. E o melhor? Você nem precisa estar em casa para preparar essas barrinhas maravilhosas de granola!

RENDIMENTO: 10 BARRINHAS DE 7,5 CM x 2,5 CM

- 1 xícara (250 g) de manteiga de amendoim clássica (página 59)
- ½ xícara (120 ml) de xarope de bordo (maple syrup)
- 2 colheres (sopa) de leite de amêndoa (veja a receita de leite vegetal básico na página 33)
- 2 colheres (chá) de extrato de baunilha
- 2 xícaras (200 g) de aveia em flocos grossos sem glúten
- ¼ de xícara (35 g) de farinha de linhaça
- ¼ de xícara (25 g) de coco ralado sem adição de açúcar
- 2 colheres (sopa) de chia
- ½ colher (chá) de sal marinho
- ½ xícara (80 g) de gotas de chocolate amargo

1. Misture a manteiga de amendoim, o xarope de bordo, o leite de amêndoa e a baunilha numa panela. Leve ao fogo médio e mexa por cerca de 5 minutos, até a mistura ficar homogênea. Retire a panela do fogo e deixe esfriar em temperatura ambiente.

2. Enquanto a mistura de amendoim esfria, à parte misture a aveia, a farinha de linhaça, o coco, a chia e o sal numa tigela grande.

3. Junte a mistura da panela aos ingredientes secos e misture bem por 1 minuto com o auxílio da batedeira fixa ou de mão (ambas funcionam bem).

continua

4. Com o auxílio de uma espátula ou colher de pau, incorpore as gotas de chocolate.
5. Forre a panela elétrica com papel-manteiga, deixando sobras nas bordas para conseguir retirar a massa inteira. Unte o papel com um pouco de óleo de coco.
6. Com o auxílio de uma colher, coloque a mistura na panela elétrica, apertando-a levemente. É importante apertar bem a massa para que as barrinhas fiquem compactas.
7. Programe a panela no nível mais baixo e cozinhe de 1h30 a 2h30. Cada panela elétrica funciona com uma temperatura diferente. Dizem que os modelos mais antigos esquentam mais. Para saber se as barrinhas estão prontas, verifique se o meio da massa já perdeu o aspecto de mole. Quando a massa estiver pronta, retire-a da panela levantando as abas do papel-manteiga. Reserve e deixe esfriar por 25 minutos. Não corte as barrinhas com a massa quente, senão elas podem se esfarelar.
8. Depois que a massa esfriar totalmente, corte-a em barrinhas de 7,5 cm x 2,5 cm com um cortador de pizza ou uma faca afiada.
9. Guarde-as em recipiente separando cada uma com papel-manteiga. Se quiser economizar, pode aproveitar o mesmo papel usado para assar as barrinhas. Guarde as barrinhas de granola em temperatura ambiente por 4 dias, na geladeira por até 3 semanas, e no freezer por até 6 meses.

Variação

Essa receita permite inúmeras variações. Você pode usar frutas secas, sementes, castanhas picadas e até mesmo nibs de cacau. Sugiro ¼ de xícara dessas opções para variar o sabor.

PREPARO E FORNO: cerca de 3h30

Sorvetes

Para quem tem alguma restrição alimentar (por exemplo, não consome glúten ou lactose), encontrar um sorvete industrializado adequado é quase impossível... e caríssimo. A minha dica é: faça sorvetes maravilhosos em casa. A maioria das receitas pede o uso de uma sorveteira, investimento que se paga depois de poucas levas de sorvete. Além disso, com ela você pode controlar os ingredientes e fazer os sabores que quiser. Depois que você vir como é legal fazer sorvete em casa, vai se pegar pensando em novos sabores para experimentar. Esta foi, sem dúvida, uma das minhas seções preferidas para incluir no livro, principalmente na hora de provar as amostras!

Sorvete de manteiga de amendoim com três ingredientes

ESTA É UMA ótima receita para você começar a fazer sorvete caseiro. Embora simples e com poucos ingredientes, esse sorvete fica delicioso.

RENDIMENTO: 4 PORÇÕES DE ½ XÍCARA (120 ML)

400 ml de leite de coco caseiro (veja a observação na próxima página)

1 xícara (250 g) de manteiga de amendoim clássica (página 59)

3 colheres (sopa) de xarope de bordo (maple syrup) ou melado

ingredientes opcionais: 2 colheres (sopa) de gotas de chocolate, castanhas ou frutas secas

1. Deixe a tigela da sorveteira gelando no freezer por, no mínimo, 18 horas antes de preparar a receita.
2. Bata todos os ingredientes no liquidificador de 1 a 2 minutos.
3. Coloque a mistura na tigela da sorveteira e siga as instruções do fabricante. O sorvete fica pronto em cerca de 20 minutos. Quando faltarem 5 minutos para o sorvete ficar pronto, junte os ingredientes opcionais se quiser. Esse sorvete fica com consistência cremosa. Se preferir um sorvete mais firme, leve-o ao freezer por 1 ou 2 horas antes de consumi-lo.
4. Tome o sorvete imediatamente ou guarde-o no freezer por até 6 meses. Como ele não contém

continua

emulsificante nem outros aditivos, endurece depois de congelado. Se você pretende consumi-lo depois de congelado, recomendo tirá-lo do freezer 45 minutos antes de servir.

OBSERVAÇÕES

* Use leite de coco caseiro, que tem maior teor de gordura (veja página 19).
* A manteiga de amendoim pode ser substituída pela de semente de girassol (página 85) ou qualquer outra manteiga vegetal nessa receita.

* Se você não tem sorveteira, faça assim: bata os ingredientes no liquidificador, distribua a massa em forminhas de gelo, leve para congelar e depois bata de novo os cubinhos congelados.

PREPARO E GELADEIRA: cerca de 25 minutos ou até 2 horas para um sorvete mais firme (não incluídas as 18 horas em que a tigela da sorveteira deve ficar no freezer)

Sorvete de chocolate e avelã

CHOCOLATE E AVELÃ formam uma dupla campeã. E foi só eu mencionar essas duas palavras juntas que você já deve ter imaginado a infame pasta de chocolate e avelã industrializada. E se eu disser que você pode, sim, saborear essas delícias sem aditivos? E melhor: na forma de sorvete? Aqui está! O mais incrível é que a receita toda leva apenas um pouco de adoçante natural.

RENDIMENTO: 4 PORÇÕES DE ½ XÍCARA (75 G)

- 400 ml de leite de coco caseiro (veja a observação na próxima página)
- 1 xícara (240 g) de pasta de avelã e chocolate (página 64)
- 2 colheres (sopa) de xarope de bordo (maple syrup)
- ½ colher (chá) de sal marinho

1. Deixe a tigela da sorveteira gelando no freezer por, no mínimo, 18 horas antes de preparar a receita.
2. Bata todos os ingredientes no liquidificador de 2 a 3 minutos.
3. Coloque a mistura na tigela da sorveteira e siga as instruções do fabricante. O sorvete fica pronto em cerca de 20 minutos. Sua consistência é cremosa. Se preferir um sorvete mais firme, leve-o ao freezer por 1 ou 2 horas antes de consumi-lo.
4. Tome o sorvete imediatamente ou guarde-o no freezer por até 6 meses. Como ele não contém emulsificante nem outros aditivos, endurece depois de congelado. Se

continua

você pretende consumi-lo depois de congelado, recomendo tirá-lo do freezer 45 minutos antes de servir.

OBSERVAÇÕES

* Use leite de coco caseiro, que tem maior teor de gordura (veja página 19).
* Se você não tem sorveteira, faça assim: bata os ingredientes no liquidificador, distribua a massa em forminhas de gelo, leve para congelar e depois bata de novo os cubinhos congelados.

PREPARO E GELADEIRA: cerca de 25 minutos ou até 2 horas para um sorvete mais firme (não incluídas as 18 horas em que a tigela da sorveteira deve ficar no freezer)

Sorvete de chocolate e avelã

Sorvete de pistache

FAÇA CHUVA, SOL, frio ou calor, às vezes a gente só precisa mesmo é de um pote de sorvete. O de pistache é uma ótima escolha. E comer pistache é meio que uma brincadeira de esconde-esconde. Tirar a casca é uma vitória! Embora encareça a receita, sugiro que você use o pistache sem casca para ganhar tempo. E os dedos agradecem!

RENDIMENTO: 4 PORÇÕES DE ½ XÍCARA (75 G)

- 400 ml de leite de coco caseiro (veja a observação na próxima página)
- 1½ xícara (190 g) de pistache cru e sem sal + 2 colheres (sopa) para adicionar ao sorvete
- 2 a 3 colheres (sopa) de xarope de bordo (maple syrup) ou melado
- ½ colher (chá) de sal marinho

1. Deixe a tigela da sorveteira gelando no freezer por, no mínimo, 18 horas antes de preparar a receita.
2. Bata o leite de coco, 1½ xícara (190 g) de pistache, o xarope de bordo e o sal no liquidificador por 2 a 3 minutos.
3. Coloque a mistura na tigela da sorveteira e siga as instruções do fabricante. O sorvete fica pronto em cerca de 20 minutos.
4. Quando faltarem 5 minutos para o sorvete ficar pronto, junte os pistaches extras à massa na sorveteira para dar um toque crocante. Recomendo misturar delicadamente o sorvete para que o pistache se dis-

continua

tribua bem. Uso uma espátula de silicone. Esse sorvete fica com uma consistência cremosa. Se preferir um sorvete mais firme, leve-o ao freezer por 1 ou 2 horas antes de consumi-lo.

5. Tome o sorvete imediatamente ou guarde-o no freezer por até 6 meses. Como ele não contém emulsificante nem outros aditivos, endurece depois de congelado. Se você pretende consumi-lo depois de congelado, recomendo tirá-lo do freezer 45 minutos antes de servir.

OBSERVAÇÕES

* Use leite de coco caseiro, que tem maior teor de gordura (veja página 19).
* Se você não tem sorveteira, faça assim: bata os ingredientes no liquidificador, distribua a massa em forminhas de gelo, leve para congelar e depois bata de novo os cubinhos congelados.

PREPARO E GELADEIRA: cerca de 30 minutos ou até 2 horas para um sorvete mais firme (não incluídas as 18 horas em que a tigela da sorveteira deve ficar no freezer)

Sorvete de chocolate e manteiga de amendoim

NORMALMENTE A BASE dos sorvetes que eu faço é o leite de coco, mas a desta receita é um pouco diferente. Decidi fazê-la com leite de castanha-do-pará graças à sua cremosidade. Sua textura, no entanto, fica um pouco diferente da do sorvete de leite de coco, pois fica mais semelhante a um sorbet. Ele é muito saboroso. O gosto marcante de chocolate e dos pedaços de manteiga de amendoim deixa esse sorvete divino.

RENDIMENTO: 4 PORÇÕES DE ½ XÍCARA (75 G)

- 2 xícaras (480 ml) de leite de castanha-do-pará (veja receita de leite vegetal básico na página 33)
- 1 xícara (160 g) de gotas de chocolate amargo
- 2 colheres (sopa) de cacau em pó sem adição de açúcar
- 2 colheres (sopa) de xarope de bordo (maple syrup) ou melado
- 1 colher (chá) de extrato de baunilha
- ½ xícara (125 g) de manteiga de amendoim clássica (página 59)

1. Deixe a tigela da sorveteira gelando no freezer por, no mínimo, 18 horas antes de preparar a receita.
2. Bata o leite de castanha-do-pará, as gotas de chocolate, o cacau em pó, o xarope de bordo e a baunilha no liquidificador por 1 a 2 minutos em velocidade alta, até a mistura ficar bem homogênea.
3. Coloque a mistura na tigela da sorveteira e siga as instruções do fabricante. O sorvete fica pronto em cerca de 20 minutos. Quando faltarem 5 minutos para o sorvete ficar pronto, junte colheradas da

continua

manteiga de amendoim à massa. Não há necessidade de medir a quantidade. Depende do tamanho que você quer para os pedaços de manteiga de amendoim. Recomendo misturar delicadamente o sorvete para que a manteiga se distribua bem. Eu uso uma espátula de silicone. Esse sorvete fica com consistência cremosa. Se preferir um sorvete mais firme, leve-o ao freezer por 1 ou 2 horas antes de consumi-lo.

4. Tome o sorvete imediatamente ou guarde-o no freezer por até 6 meses. Como ele não contém emulsificante nem outros aditivos, endurece depois de congelado. Se você pretende consumi-lo depois de congelado, recomendo tirá-lo do freezer 45 minutos antes de servir.

OBSERVAÇÃO

Substitua a manteiga de amendoim por qualquer outra manteiga vegetal que preferir. Você pode experimentar com manteiga de semente de girassol (página 85).

PREPARO E GELADEIRA: cerca de 25 minutos ou até 2 horas para um sorvete mais firme (não incluídas as 18 horas em que a tigela da sorveteira deve ficar no freezer)

Sorvete de chocolate e manteiga de amendoim

Sorvete de banana e macadâmia

EU ADORO FAZER sorvete de banana. São muitos os benefícios: além de ter menos gordura e açúcar, não é preciso usar a sorveteira. Para os alérgicos, uma boa notícia: ele também não leva produtos lácteos. Congelada, a banana adquire uma consistência supercremosa e aveludada. É impressionante. Toda semana eu compro dois cachos de banana. Um deles sempre vai direto para o freezer para ser usado em smoothies e sorvetes.

RENDIMENTO: 3 PORÇÕES DE ½ XÍCARA (75 G)

- 3 bananas congeladas (veja a observação da próxima página)
- 2 colheres (sopa) de manteiga de macadâmia (veja a receita de manteiga vegetal básica na página 56)
- 1 a 2 colheres (sopa) de leite de amêndoa (veja a receita de leite vegetal básico na página 33)

1. Corte as bananas congeladas em rodelas finas. Bata-as no liquidificador com os demais ingredientes por 1 a 2 minutos, raspando as laterais de vez em quando. Se precisar, junte um pouco mais de leite de amêndoa até obter a consistência desejada.
2. O sorvete está pronto quando estiver com uma consistência cremosa. Se preferir um sorvete mais firme, leve-o ao freezer por 1 ou 2 horas antes de consumi-lo.
3. Tome o sorvete imediatamente ou guarde-o no freezer por até 6 meses. Como ele não contém

continua

SORVETES

emulsificante nem outros aditivos, endurece depois de congelado. Para consumi-lo depois de congelado, recomendo tirá-lo do freezer 45 minutos antes de servir.

Variações

* Pode usar castanhas picadas, nibs de cacau, frutas secas e gotas de chocolate. O céu é o limite.

* Uma atividade divertida para envolver as crianças é montar uma espécie de *open bar* de sundaes. Cada criança ganha uma bola de sorvete na taça e pode escolher os acompanhamentos e as coberturas.

PREPARO E GELADEIRA: cerca de 5 minutos, ou até 1 hora para que a textura fique mais firme

Inspirações

Meu trabalho é inspirado por vários blogueiros de talento, incluindo:

* Angela Liddon, criadora do blog *Oh She Glows* (ohsheglows.com)
* Emily von Euw, criadora do blog *This Rawsome Vegan Life* (thisrawsomeveganlife.com)
* Katie Higgins, criadora do blog *Chocolate Covered Katie* (chocolatecoveredkatie.com)
* Kiersten Frase, criadora do blog *Oh My Veggies* (ohmyveggies.com)

Agradecimentos

Em primeiro lugar, meu agradecimento mais importante vai para o meu marido, Marcus, pelo apoio. Pude contar com ele desde o primeiro dia, me ajudando com a edição do livro e provando os testes de receitas.

Agradeço aos meus sogros, Steve e Heidi, por cuidarem das minhas filhas durante incontáveis horas dedicadas a este livro.

Agradeço a todos que testaram as receitas para mim. Seu retorno ajudou muito.

Agradeço às minhas editoras na The Experiment, Molly Cavanaugh e Sasha Tropp, pela ajuda em cada etapa desse caminho. Agradeço também a Pauline Neuwirth pelo belíssimo projeto gráfico.

E, por fim, agradeço aos meus leitores fiéis. Muito obrigada a todos vocês. Meu *blog* e o livro não seriam possíveis sem o apoio de vocês.

Índice remissivo

Os números de páginas em *itálico* se referem às fotos.

abacate
    Smoothie saudável de chocolate, 139, *140*
abacaxi
    Smoothie proteico tropical, *141*, 142-43
amêndoas
    Granola de amêndoa, bordo e baunilha, 101-2, *103*
    Manteiga de amêndoa, xarope de bordo e baunilha, *70*, 71-72
amendoim
    Pasta de amendoim e chocolate, *67*, 68-69
amora
    Pudim de chia e frutas vermelhas, *127*, 128-29
aveia
    Barrinha de granola e manteiga de amendoim (feita na panela elétrica) *198*, 199-200
    Barrinhas de brownie, 169-70, *171*
    Bolinhas de massa de cookie, *172*, 173-74
    Cookies de granola de manteiga de amendoim, 116
    Cookies de manteiga de amêndoa com quatro ingredientes, 121-22, *123*
    Cookies de melado e amêndoa, *98*, 99-100
    Granola de manteiga de amendoim, 115-16, *117*
    Granola de amêndoa, bordo e baunilha, 101-2, *103*
    Mingau prático de aveia com "caramelo" e noz-pecã, 124-25, *126*
    Muffins de banana, nozes e aveia, 109-10, *111*
    sobre, 22
avelã
    Leite de avelã e baunilha, *41*, 42-43
    Pasta de avelã e chocolate, 64-65, *66*

banana
    Cookies de manteiga de amêndoa com quatro ingredientes, 121-22, *123*
    Forminhas de chocolate com banana e manteiga de amêndoa, 175-76, *177*
    Fudge congelado de banana e nozes, 81
    Muffins de banana com recheio de chocolate e avelã, *112*, 113-14
    Muffins de banana, nozes e aveia, 109-10, *111*
    Panqueca de banana e manteiga de amendoim (sem cereais) *90*, 91-92
    Pasta pedaçuda de banana e nozes, *79*, 80-81
    Smoothie proteico tropical, *141*, 142-43
    Sorvete de banana e macadâmia, *214*, 215-16
Barrinha de granola e manteiga de amendoim (feita na panela elétrica) *198*, 199-200
Barrinhas de brownie, 169-70, *171*
benefícios dos leites vegetais para a saúde, 16-18
Blondie de manteiga de amêndoa (sem farinha) 195-96, *197*
Bolinhas de massa de cookie, *172*, 173-74
Bolinhas energéticas (sem cereais) *94*, 95
Bolinhas proteicas, *96*, 97
Brownie de chocolate e manteiga de amendoim, *186*, 187-88

cacau em pó
    Calda de chocolate, 93
    Pasta de avelã e chocolate, 64-65, *66*
    sobre, 19
café da manhã
    Cookies de manteiga de amêndoa com quatro ingredientes, 121-22, *123*
    Donut de manteiga de amendoim e gotas de chocolate, *118*, 119-20
    Granola de manteiga de amendoim, 115-16, *117*
    Mingau prático de aveia com "caramelo" e noz-pecã, 124-25, *126*
    Muffins de banana com recheio de chocolate e avelã, *112*, 113-14
    Muffins de banana, nozes e aveia, 109-10, *111*
    Muffins de geleia e manteiga de amêndoa, *106*, 107-8

Pudim de chia e frutas vermelhas, *127*, 128-29
Calda de chocolate, 93
canela
    Manteiga de noz-pecã e canela, *74*, 75
    Pasta de macadâmia, bordo e canela, *76-77, 78*
castanha de caju
    Fudge de coco e chocolate branco, 161-62, *163*
    Leite de castanha de caju e chocolate, *36*, 37-38
    Manteiga de castanha de caju e melado com toque de sal, *60*, 61
    Tortinha de morango e creme de castanha de caju, *152*, 153-154
castanha-do-pará
    Manteiga de castanha-do-pará com "caramelo" salgado, *82*, 83
Chai latte com especiarias, *52*, 53
Chantili de coco, 51
chia
    Pudim de chia e frutas vermelhas, *127*, 128-29
Chocolate quente de leite de castanha de caju, *49*, 50-51
chocolate
    Barrinhas de brownie, 169-70, *171*
    Bolinhas de massa de cookie, *172*, 173-74
    Brownie de chocolate e manteiga de amendoim, *186*, 187-88
    Chocolate quente de leite de castanha de caju, *49*, 50-51
    Cookies de amêndoa e coco, *180*, 181-82
    Cookies de macadâmia e gotas de chocolate, 189-90, *191*
    Cookies de manteiga de castanha de caju com recheio de chocolate, *192*, 193-94
    Donut de manteiga de amendoim e gotas de chocolate, *118*, 119-20
    Forminhas de chocolate com banana e manteiga de amêndoa, 175-76, *177*
    Fudge de manteiga de amendoim e chocolate, *164*, 165
    Leite de castanha de caju e chocolate, *36*, 37-38
    Pasta de amendoim e chocolate, *67*, 68-69
    sobre, 19
    Sorvete de chocolate e manteiga de amendoim, 211-12, *213*
    Trufa de castanha de caju e melado com toque de sal, *158*, 159-60
coco ralado
    Bolinhas energéticas (sem cereais) *94*, 95
    Cookies de amêndoa e coco, *180*, 181-82
    sobre, 22

cookies
    Cookies de amêndoa e coco, *180*, 181-82
    Cookies de granola de manteiga de amendoim, 116
    Cookies de macadâmia e gotas de chocolate, 189-90, *191*
    Cookies de manteiga de amêndoa com quatro ingredientes, 121-22, *123*
    Cookies de manteiga de castanha de caju com recheio de chocolate, *192*, 193-94
    Cookies de melado e amêndoa, *98*, 99-100
couve
    Smoothie de frutas vermelhas e couve, *137*, 138
delícias de forno
    Barrinha de granola e manteiga de amendoim (feita na panela elétrica) *198*, 199-200
    Blondie de manteiga de amêndoa (sem farinha) 195-96, *197*
    Brownie de chocolate e manteiga de amendoim, *186*, 187-88
    Cookies de amêndoa e coco, *180*, 181-82
    Cookies de macadâmia e gotas de chocolate, 189-90, *191*
    Cookies de manteiga de castanha de caju com recheio de chocolate, *192*, 193-94
    Sanduíches de cookies de manteiga de amêndoa, 183-84, *185*
delícias sem forno
    Barrinhas de brownie, 169-70, *171*
    Bolinhas de massa de cookie, *172*, 173-74
    Forminhas de chocolate com banana e manteiga de amêndoa, 175-76, *177*
    Fudge de coco e chocolate branco, 161-62, *163*
    Fudge de manteiga de amendoim e chocolate, *164*, 165
    Musse de manteiga de amêndoa, *166*, 167-68
    Torta de coco, chocolate e avelã, 155-56, *157*
    Tortinha de morango e creme de castanha de caju, *152*, 153-54
    Trufa de castanha de caju e melado com toque de sal, *158*, 159-60
dicas de cozinha, 27-30
donut
    Donut de manteiga de amendoim e gotas de chocolate, *118*, 119-20
    Donuts e sanduíches de maçã, 72, *73*

equipamentos, 23-27
espinafre
    Smoothie verde de banana e morango, *132*, 133-34

fava/extrato de baunilha
    Granola de amêndoa, bordo e baunilha, 101-2, *103*
    Leite de avelã e baunilha, *41*, 42-43
    Manteiga de amêndoa, xarope de bordo e baunilha, *70*, 71-72
    sobre, 20-21
Forminhas de chocolate com banana e manteiga de amêndoa, 175-76, *177*
frutas vermelhas
    Smoothie de frutas vermelhas e couve, *137*, 138
fudge
    Fudge de coco e chocolate branco, 161-62, *163*
    Fudge de manteiga de amendoim e chocolate, *164*, 165

geleia
    Muffins de geleia e manteiga de amêndoa, *106*, 107-8
Granola de manteiga de amendoim, 115-16, *117*
grão-de-bico
    Blondie de manteiga de amêndoa (sem farinha) 195-96, *197*

leite de amêndoa
    Panqueca de banana e manteiga de amendoim (sem cereais) *90*, 91-92
    Pasta de avelã e chocolate, 64-65, *66*
    Pasta de amendoim e chocolate, *67*, 68-69
    Smoothie de chocolate e manteiga de amêndoa, *135*, *136*
    Smoothie de frutas vermelhas e couve, *137*, 138
    Smoothie de geleia e manteiga de amendoim, *144*, 145
    Smoothie proteico tropical, *141*, 142-43
    Smoothie saudável de chocolate, *139*, *140*
Leite de castanha de caju e chocolate, *36*, 37-8
leite de castanha de caju
    Chocolate quente de leite de castanha de caju, *49*, 50-51
    Smoothie de torta de maçã, *148*, 149
leite de castanha-do-pará
    Leite de castanha-do-pará e morango, *39*, *40*
    Pudim de chia e frutas vermelhas, *127*, 128-29
    Smoothie de creme e laranja, *146*, 147
    Smoothie verde de banana e morango, *132*, 133-34
    Sorvete de chocolate e manteiga de amendoim, 211-12, *213*
leite de coco
    caseiro, 51
    Chantili de coco, 51
    sobre, 19

Sorvete de chocolate e avelã, 205-6, *207*
Sorvete de manteiga de amendoim com três ingredientes, *202*, 203-4
Sorvete de pistache, *208*, 209-10
Torta de coco, chocolate e avelã, 155-56, *157*
Leite de pistache e especiarias, *44*, 45
Leite de semente de girassol, 46-47, *48*
Leite vegetal básico, *32*, 33-35
leites vegetais
    benefícios à saúde, 16-18
    Chai latte com especiarias, *52*, 53
    Chocolate quente de leite de castanha de caju, *49*, 50-51
    Leite de avelã e baunilha, *41*, 42-43
    Leite de castanha de caju e chocolate, *36*, 37-38
    Leite de castanha-do-pará e morango, *39*, 40
    Leite de pistache e especiarias, *44*, 45
    Leite de semente de girassol, 46-47, *48*
    Leite vegetal básico, *32*, 33-35
    sobre, 11-13, 15

macadâmia
    Pasta de macadâmia, bordo e canela, 76-77, *78*
manga
    Smoothie proteico tropical, *141*, 142-43
Manteiga cremosa de pistache, *62*, 63
manteiga de amêndoa
    Blondie de manteiga de amêndoa (sem farinha), 195-96, *197*
    Bolinhas proteicas, *96*, 97
    Cookies de amêndoa e coco, *180*, 181-82
    Cookies de manteiga de amêndoa com quatro ingredientes, 121-22, *123*
    Forminhas de chocolate com banana e manteiga de amêndoa, 175-76, *177*
    Muffins de geleia e manteiga de amêndoa, *106*, 107-8
    Musse de manteiga de amêndoa, *166*, 167-68
    Sanduíches de cookies de manteiga de amêndoa, 183-84, *185*
    Smoothie de chocolate e manteiga de amêndoa, *135*, *136*
Manteiga de amendoim clássica
    Barrinha de granola e manteiga de amendoim (feita na panela elétrica) *198*, 199-200
    Brownie de chocolate e manteiga de amendoim, *186*, 187-88
    Cookies de granola de manteiga de amendoim, 116
    Donut de manteiga de amendoim e gotas de chocolate, *118*, 119-20

Fudge de manteiga de amendoim e chocolate, *164*, 165
Granola de manteiga de amendoim, 115-16, *117*
Panqueca de banana e manteiga de amendoim (sem cereais) *90*, 91-92
Smoothie de geleia e manteiga de amendoim, *144*, 145
sobre (receita), *58*, 59
Sorvete de chocolate e manteiga de amendoim, 211-12, *213*
Sorvete de manteiga de amendoim com três ingredientes, *202*, 203-4
Manteiga de castanha de caju e melado com toque de sal, *60*, 61
manteiga de castanha de caju
    Cookies de manteiga de castanha de caju com recheio de chocolate, *192*, 193-94
    Fudge de coco e chocolate branco, 161-62, *163*
    Trufa de castanha de caju e melado com toque de sal, *158*, 159-60
Manteiga de castanha-do-pará com "caramelo" salgado, *82*, 83
manteiga de coco
    Fudge de coco e chocolate branco, 161-62, *163*
    Musse de manteiga de amêndoa, *166*, 167-68
manteiga de macadâmia
    Barrinhas de brownie, 169-70, *171*
    Bolinhas de massa de cookie, *172*, 173-74
    Cookies de macadâmia e gotas de chocolate, 189-90, *191*
    Sorvete de banana e macadâmia, *214*, 215-16
manteiga de nozes
    Muffins de banana, nozes e aveia, 109-20, *111*
Manteiga de semente de girassol, *84*, 85-86
Manteiga vegetal básica, 56-57
manteigas vegetais
    Manteiga de amendoim clássica, *58*, 59
    Manteiga cremosa de pistache, *62*, 63
    Manteiga de amêndoa, xarope de bordo e baunilha, *70*, 71-72
    Manteiga de castanha de caju e melado com toque de sal, *60*, 61
    Manteiga de castanha-do-pará com "caramelo" salgado, *82*, 83
    Manteiga de noz-pecã e canela, *74*, 75
    Manteiga de semente de girassol, *84*, 85-86
    Manteiga vegetal básica, 56-57
    Pasta de avelã e chocolate, 64-65, *66*
    Pasta de amendoim e chocolate, *67*, 68-69
    Pasta de macadâmia, bordo e canela, 76-77, *78*
    Pasta pedaçuda de banana e nozes, *79*, 80-81
    sobre, 13, 15

melado
    Cookies de melado e amêndoa, *98*, 99-100
    Manteiga de castanha de caju e melado com toque de sal, *60*, 61
    Trufa de castanha de caju e melado com toque de sal, *158*, 159-60
Mingau prático de aveia com "caramelo" e noz-pecã, 124-25, *126*
mirtilo
    Pudim de chia e frutas vermelhas, *127*, 128-29
    Smoothie de geleia e manteiga de amendoim, *144*, 145
morango
    Leite de castanha-do-pará e morango, 39, *40*
    Pudim de chia e frutas vermelhas, *127*, 128-29
    Smoothie de geleia e manteiga de amendoim, *144*, 145
    Smoothie verde de banana e morango, *132*, 133-34
    Tortinha de morango e creme de castanha de caju, *152*, 153-54

nozes
    Fudge congelado de banana e nozes, 81
    Pasta pedaçuda de banana e nozes, *79*, 80-81
noz-pecã
    Manteiga de noz-pecã e canela, *74*, 75

Panqueca de banana e manteiga de amendoim (sem cereais) *90*, 91-92
Pasta de avelã e chocolate
    Muffin de banana com recheio de chocolate e avelã, *112*, 113-14
    sobre (receita), 64-65, *66*
    Sorvete de chocolate e avelã, 205-6, *207*
    Torta de coco, chocolate e avelã, 155-56, *157*
Pasta de amendoim e chocolate, *67*, 68-69
Pasta de macadâmia, bordo e canela, 76-77, *78*
Pasta pedaçuda de banana e nozes, *79*, 80-81
pistache
    Leite de pistache e especiarias, *44*, 45
    Manteiga cremosa de pistache, *62*, 63
    Sorvete de pistache, *208*, 209-10
polpa de avelã
    Bolinhas energéticas (sem cereais) *94*, 95
    Bolinhas proteicas, *96*, 97
polpa de oleaginosas
    Bolinhas energéticas (sem cereais) *94*, 95
    Bolinhas proteicas, *96*, 97
    Cookies de melado e amêndoa, *98*, 99-100
    Granola de amêndoa, bordo e baunilha, 101-2, *103*

Panqueca de banana e manteiga de
    amendoim (sem cereais) 90, 91-92
Polpa vegetal básica, 88-89
polpa e farinha de amêndoa
    Bolinhas energéticas (sem cereais) 94, 95
    Bolinhas proteicas, 96, 97
    Cookies de melado e amêndoa, 98, 99-100
    Panqueca de banana e manteiga de
        amendoim (sem cereais) 90, 91-92
    Smoothie proteico tropical, 141, 142-43
Polpa vegetal básica, 88-89
Pudim de chia e frutas vermelhas, 127, 128-29
purê de maçã, 18

smoothies
    Smoothie de chocolate e manteiga de
        amêndoa, 135, 136
    Smoothie de creme e laranja, 146, 147
    Smoothie de frutas vermelhas e couve, 137, 138
    Smoothie de geleia e manteiga de
        amendoim, 144, 145
    Smoothie de torta de maçã, 148, 149
    Smoothie proteico tropical, 141, 142-43
    Smoothie saudável de chocolate, 139, 140
    Smoothie verde de banana e morango, 132,
        133-34
Sorvete de chocolate e avelã, 205-6, 207
Sorvete de chocolate e manteiga de amendoim,
    211-12, 213
Sorvete de manteiga de amendoim com três
    ingredientes, 202, 203-4

sorvete
    Sorvete de banana e macadâmia, 214,
        215-16
    Sorvete de chocolate e avelã, 205-6, 207
    Sorvete de chocolate e manteiga de
        amendoim, 211-12, 213
    Sorvete de manteiga de amendoim com três
        ingredientes, 202, 203-4
    Sorvete de pistache, 208, 209-10

tâmara
    Barrinhas de brownie, 169-70, 171
    Bolinhas de massa de cookie, 172, 173-74
    Bolinhas energéticas (sem cereais) 94, 95
    Manteiga de castanha-do-pará com
        "caramelo" salgado, 82, 83
    sobre, 21
Torta de coco, chocolate e avelã, 155-56, 157
Trufa de castanha de caju e melado com toque
    de sal, 158, 159-60

xarope de bordo (maple syrup)
    Granola de amêndoa, bordo e baunilha,
        101-2, 103
    Manteiga de amêndoa, xarope de bordo e
        baunilha, 70, 71-72
    Pasta de macadâmia, bordo e canela, 76-77,
        78
    sobre, 22

Compartilhe a sua opinião
sobre este livro usando a hashtag
#LeitesEManteigasVegetais
nas nossas redes sociais:

 /EditoraAlaude

 /EditoraAlaude

 /AlaudeEditora